戦争の予感

上杉 隆×ケン・ジョセフ

かんよう出版

戦争の予感

目　次

第1章　多様性を認める社会に　11

第2章　一人ひとりが主人公になれる社会に　39

第5章　若い世代に告ぐ　119

第6章　多様性の鍵をにぎるメディア　145

第7章　「予感」を「杞憂」に終わらせるために　169

第1章

多様性を認める社会に

戦争前夜に酷似する今

上杉　この本のタイトルは「戦争の予感」です。今、本当に戦争の「予感」がしています。「あぶないな」という…。「あぶない」のは、日本の言葉、つまり言論空間です。言論空間が萎縮して自主規制が始まって、権力が「言うな」と圧力をかけるのではなくて、みんな自然と自分から言わないような空気が醸成される。すると次第に言論が一元化してきて、そのあと社会が一方向に進む。偏りですよね。偏りといっても、左右どちらか一方に偏るのではなくて、なんとなくぼんやり偏り出して、「こっちのほうがみんなと一緒だからいいや」という雰囲気ができあがってしまう。

それが、まさに社会の一元化を生んで、その一元化の先にあるのが「独裁」なんですよ。「独裁」って意外と目に見えないもので、あとから言われると「そうか、あれが独裁だったのか」ということになるんです。もう今の日本って、雰囲気的に「独裁」

が始まっているのじゃないかと思うんです。安倍政権の暴走というよりも側近ですら自分が「独裁」の一角に入っているということ、参画しているということに気づいていないというのが「独裁」なんです。やはりそうなんです。「独裁」のあとにくるのは、基本的には戦争とか、国の荒廃とか、古今東西、ヨーロッパでもアジアでもそうでしたし、それこそ古代ローマだってそうだったわけです。そして、なにも異国の歴史を持ち出してこなくても、日本が八〇年前に同じことをやっているわけですからね。

ケン　ある日、講演の終わったあとに、おばあちゃんが前に来たんですね。そして、「ケンさん、今日はとてもいい話されたんですけれども、ひとつだけ気になったことがある」と言うのです。多分、あのとき、おかしな国際化があったり、いろんなテロがあったりしたから、「今日の話を聞いて、私、自分の若いときのことを思い出した」と切り出したんです。「ケンさん、国際化は気をつけないと、国体になるんですよ」と言う。「なんかへんだなあ」と思って、「どういうことですか」と聞いてみたら、「なにも知らないおばあちゃんの話として聞いてください」と。

「私、若いときに、同じような時期を経験した」と言うんですね。いろんなことを話しはじめました。たとえば、「昔の私の記憶が正しければ、これから先、こういうことが起こるのが一番心配ですよ」と言ったんですね。それは、新聞が必要なことや正しいことを書かなくなったりとか、だんだん、警察だとか自警団だとかが幅をきかせるように厳しくなってきたり、軍隊が強くなったり。リストアップしたんですね。単なる自分の若いときの記憶からね。

そしてだんだんしゃべらなくなって、気がついたらもう、取り返しがつかないことになったんです。そしてニコッと笑って、僕は「でも、それはないよね」と言ったのね。僕、おばあちゃんに「そんなことないですよ」と言ったのね。「日本はすごい国で、今もう開かれて世界の一員になっているんだから」と。そう言ったら、彼女は「そうだよね、大丈夫だよね」と言って、やっと会話が終わったということがあったんですよ。

そのあと、数年してから、ばったり彼女に会ったんですよ、そのおばあちゃまと。そうしたらもう、鳥肌が立ったんですね。その数年の間に、彼女の言っていたことが、一つひとつ、そのとおりに徐々に進んできたんですよ。

憲法バッジをもらった人たちとも話をしたんですよね。そこで、びっくりしたんだけれども、同じこと言うんですよ。「夜、眠れない」と言うんですね。「まさか、子どものときのあの時代がまた来るなんて、夢にも思わなかった」と言うんですよ。だから といって、自分がデモに参加するわけでもないし、新聞に投書もできないし…。「でも、なんとかしなきゃね」というのがひとつ。

もうひとつおもしろかったのは、憲法バッジがきっかけで初めて子どもと戦争の話をしたんだって。この話で、おもしろいのは、自分たちが戦争のあとに、あんまり戦争がひどかったので、子どもたちにしゃべらなかったと言うんですよ。こういう時代になって初めてそこに気がついたわけだよね。せっかく平和になったのだから、子どもたちに、あまりにも戦争が悲惨だったので、それを知ってほしくなかった。だから遠慮したんですよ。ところが今になって、それは間違いだったということに気がついたのね。言わなかったおかげで、まったくそういうことを知らないので、同じことが起こっていることにも気がつかないんです。だからね、久しぶりに実家に帰ったら、「おやじ、なに？　その白いバッジは？」と聞くから、初めて戦争のことを語ったと言うんですよね。だから、日本だけじゃなくて、世界中がこの歴史の繰り返しなんですよ、世代交代でね。戦争を知っている人間がいなくなって、戦争の恐ろしさを、遠慮して伝えなかったおかげで、かつてと同じように同じことを繰り返そうとするところが、今の原点なんですね。

上杉　戦争に限らずですけれども、歴史はおおよそ七〇年くらいを周期にして繰り返すという説があります。七〇年経った頃に、同じことがまた繰り返されるんだと。

ケン　世代がちょうど交代する頃なんだよね。

上杉　まさに、それはサイクル、社会的なサイクルで、ちょうどその頃に生きている人がいなくなるというわけです。日本はもう少し平均寿命が長いですけれども実体験として、人間は経験の動物なんで、実際を体験してない事象に対してはリアル感がなくなってしまって、いくら語り継がれても難しいということがあります。そして、悪いことに、うちのおばあちゃんとかもそうですけれども、日本の場合の戦争はあまりにも悲惨な体験だったんで、語り継ごうとしないんですよ。ひたすら黙ってしまうということになるんです。要するに、子どもたちにあんな悲惨なことを聞かせて恐がらせてはいけないということになるんですね。それが、今まずいことになってしまっているわけです。

言えるときに言わなかった罪

ケン　昔、家永三郎さんがご近所でね。家永三郎さんというと、教科書裁判を起こして、徹底的に教科書検定制度と闘った先生ですよ。彼が亡くなる前に、多分最後の話だったと思うんですけれども。もう何十回も裁判起こしたんですよね、教科書問題で。確か全部負けたと思います。一回も勝たなかったと思うんだよね。「家永先生、そんな何度も負けて、負けっぱなしなのになぜ裁判起こすんですか」と聞いたのね。そうしたら、こういうこと言ったんですね。「僕は若いときは学校の先生だった」と言うんです。そして、「一時期は私も含めてみんな分かっていた」と言うんですよ、「おかしい」と。「でもね、僕も含めて、まだ言えるときにはなにも言わずに黙っていた」と言うんです。「一人の学校の先生ですべて変えることはできなかったかもしれないけれども、僕一人でもあのとき、一言二言、言葉を発信していれば、もしかしたら止めることできたかもしれない」と言うのね。なのに「僕はあのときなにも言わなかった」とも言うわけです。自分だけではないけれども、自分を含めて、みんなおかしいと分かっていたのに、あの大事なときになにも言わなかった。なにも言わなかったおかげで、何千万という人が死んだし、自分の家族も死んでしまったし…。大好きな島が破壊されてしまったというわけです。「僕は死ぬまで裁判起こし続けて、その裁判が全部失敗に終わったとしても、自分の言えたときに黙っていた罪が消えない」とおっしゃっていました。

それを聞いて、今ですよ、心に刺さりますよ。

上杉　今の家永さんの話はたいへん重要で、やはり言えるときに言わなかった、誰もが知っているけれども、言ってしまうと、「ちょっとなあ」、という軽いことなんですよね。一人ひとりの軽い罪の気持ちが、集積されていくと大いなる罪悪になるんですよ。戦争の「予感」がするこの時期に、これはたいへん大切なことだと思います。

自主規制するメディア

ケン　なんとか、あの平和憲法を守ろうという強い思いで、先ほどの話にも出たような、みんなが気軽に身につけることができる憲法バッジをつくったんですよ。亡くなった永六輔さんの遺志でもあったんです。いまたくさんの人がこれを手に入れて、胸につけています。最初、上杉さんの番組に取り上げてもらいました。

上杉　わたしがプロデュースをしている「ニューズ・オプエド」ですよね。ケンさんが白いバッジを持って来たとき、最初みんな分かんないわけですよ、初めて見たから。永六輔さんと一緒につくられたと聞いてもまだ発売もしてない頃ですから。でもケンさんの話を聞いて、「ニューズ・オプエド」は多様性のある言論空間を標榜しているんで是非とも出演してもらおうということになったんです。憲法バッジはメディアからシャットアウトされているわけですけれども、世の中には護憲派も改憲派もいろいろいるわけです。僕も正直いうと、第九条の改憲は反対だけれども、他は意外と柔軟で、私学助成の問題とかいろんな問題が結構ひび割れているから、憲法誕生日に生まれているけれども、完全な護憲派ではない。でもケンさんの意見は当然で、異なった意見といえどもすぐに取り上げたわけですよ。しかし、本当にこの憲法バッジひとつとっても日本のメディアはアンフェアですよね。

ケン　そう、すごい。

上杉　日本の言論界を見ていておかしいと思うのは、いろんな意見があって然るべきなのに異論を認めないことですよね、憲法が大事だとか、あるいは「ジャーナリズムは抵抗だ」とか言っているような人たちに限って、多様性を排除しています。

ケン　おもしろいよね。

上杉　恐いなと思うのは、憲法が大事だと言っているメディアの人たちですら、憲法バッジを出すと面倒くさいなという雰囲気になっているんです。だからケンさんを出さない。いまだにそうですよね、テレビも新聞も。

ケン　だからすごく不思議なんです。憲法バッジは東京新聞の一面トップに掲載されたんですよ。いろいろなこれまでの経験からも、それぐらい掲載されれば必ず他の新聞からも取材にくるんですよ。少なくともラジオはきますよ。今回、東京新聞には三回大きく掲載されたんだけれども、他の新聞は見向きもしない。まったくひとつもこない。ある記者が言っていたのは、「東京新聞に出たことはもちろん知ってますよ」と。でも書かない。「なぜ書かないんですか」と。「本当はやりたいんだけれども、ごめんね」だって。だから、恐ろしいことだと思うんですよ。ブロックされているとしか考えられないです。

上杉　自主規制というやつですね。みんなやりたいんだけれども、やらない。自粛する。日本のメディアの悪い習慣です。原発問題でもそうだったんです。僕も三・一一のあと、同じことを経験しています。「メルトダウン」や「東京電力」の追及報道で…。なにが恐いかというと、過去にもそういうメディアの自主規制から始まっているんですよ、「独裁」が。日本は、いよいよ「独裁」の枠組みの中に入り出したんだと思います。そのことにみんな気づいてないんです。僕が、メディアの問題点を明らかにし続けているのはやはりメディアが一元化されると、だいたい独裁が始まっている歴史の教訓があるからです。他の国でもそうです。実は政治権力によってそうなるのではなくて、国民が自らそうなっていくんですよ。特にジャーナリズムが一方向に進んで偏り出すと、もうそれを止めるところがどこにもない。僕は、それだけは止めなくてはいけないと声を上げ続けてきたけれども、もうなっちゃったんですよね。

ジャーナリズムというものは、意図的に社会常識の反対のことを言うことによって、少数派をサポートして一方向にだけ社会が進むのを止めるものなのです。が、日本では逆にジャーナリズムが多数派のなかに入ってしまったんですね。「独裁」が始まったときの転がり方って、想像以上に速いです。これは、もちろん「予感」です。しかし「戦争の予感」です。

イラクで捕まった常岡浩介さんだとか、シリアの安田純平さんとかもそうですけれども、メディアは、彼らがニュースになった時だけに彼らを使うんです。ところが彼らの発言は使わない。なぜなら、彼らのような戦場を知るジャーナリストは本当のことを言ってしまうからです。これは、単純に、メディアが決まった方向に向かっているところにそぐわない、異なった意見を唱える人物は全部、排除するということなんです。自然に自分たちから排除していくんだから、わざわざ、あえて政治権力からの「圧力」もいらないんです。だから「独裁」が出現しやすいんですね。政治も行政も国民も、日本人というのは、無意識のうちに鎖国が形成されていることに気づいていないわけですよ。だれも気づかないうちに、そこは分からないままで、またしても「独裁」に向けて走り始めているというわけです。

トランプ勝利へのメディアの反応

上杉　独裁出現のキーワードは「一元化」という言葉です。要するに、少数意見を排除したり、異なる意見を踏みにじったりというのは、多様性を認めないということです。あるひとつの方向に進んでいくことしかないという状況ですよね。ファッションというか、方向がひとつになる、社会がどんどん一元化するというのは、結構目に見えにくいんですよね。人間って大きいほうにはすぐなびいてしまうじゃないですか。やはり、みんなが言っていることに賛成するほうが楽なんですよ。

今回の米大統領選もそうですけれども、「ヒラリー・クリントンが勝つ」と、みんなが言っているところでは、同じ言葉を発したほうが楽なんですよ、一方で、「違うよ、トランプが勝つ可能性もあるよ、トランプが勝つと思うよ、場合によっては」と言うのはしんどい。なぜならそう言った瞬間に、周囲から叩かれるわけですよ。僕の会社「NO BORDER」の取材班も「トランプ大統領」の可能性をいくつかのメディアに投げかけたら、事前に排除されたわけです。「そんなでたらめな」、「とんちんかんなこと言っている」、「素人考え」と笑われ、しまいにはノーボーダーはインチキメディア。(笑)「トランプが勝つよ」と言っていたケンさんも、インチキ外国人、アメリカ人のふりをしている素人、こうなったんですよ。

ところが結果、トランプが勝った。そうなると、メディアはどうなのかというと、たとえばアメリカだったらニューヨーク・タイムズをはじめ、どのメディアでも検証がすぐに始まったんです。「なぜわれわれは間違いを犯したのか」という検証作業ですね。

ケン 日本ではまったくそれはないよね。

上杉 ワシントン・ポストもＣＮＮもすぐに検証作業を始めてますよね。日本のメディアでは一切ないです。逆に「なぜアメリカは間違いを犯したか」なんて、やっているくらいですから。

ケン アメリカが間違いを犯したと言っているの？

上杉 はい。アメリカのせいにしています、日本のメディアは。ただ、根底のところでは、みんな結局、世界中のメディアも社会も一緒なんです。要するに、大きいものに巻かれて、メインストリームのほうに寄りやすい。ところが最後の最後に、間違えたときに、フェアネスという観点では、まだアメリカ社会のほうがフェアなんです。どうしてかというと、今回の米国のテレビもそうですけれども、何人かキャスターがクビになりましたよね、ずっと間違えて報道したからという理由で。これがやはり責任の取り方なんですが、日本というのは、過去にも現在もそういうことができなかったんです。

フェアネスに欠けるメディア

上杉　結局、日本というのは、戦前・戦中に大きな間違いを犯した政府、メディア、財閥、軍部、どれも自分たちで自己検証というのをやらない国なんですよ。戦争が終わってGHQが入ってきて、自分たちでやるんではなくて、東京裁判で他国に裁かれてしまうんです。日本だけが自分たちで裁いてないんですよ。イタリアは早かったですよね、戦時中にもうすでに自分たちの手でムッソリーニを追放した。ドイツはどうしたかというと、戦後、徹底的な戦犯処理をやるわけです。ナチの残党も含めて、アルゼンチンに逃げた人物まで何十年もかけて追っかける。ドイツは、自己検証、自己批判を徹底的にやったんです。日本だけがきっちりとできないわけです。なあなあにしたまま、米国がやってくれたからそのままに放置してきたんです。

バブル経済も同様。崩壊しても誰一人、自分たちの手で検証しなかったんですよ。乗っかっといて、はじけると素早く逃げて、いつも「しようがない」と言って終わり。

福島の原発事故も同じです。地震は仕方がないんですけれども、福島の原発事故というのは明確に人災なのに、誰も検証しないどころか、当時の関係した人が誰一人逮捕もされない、訴追もされない。こんなのはやはりおかしい。なぜかというと、誰かが責任を取らないと、次に進めないわけです。責任を取らなくていいのなら、その社会はどんな失敗を犯してもいいんだということになります。

米国ではなにが起こるかというと、戦争が起こったときと同じなんですよ。長いものに巻かれてなぜ得なのか、長いものに巻かれていたら失敗しても責任を取らなくて許されるからです。

ところが海外だと違うのは、長いものに巻かれてもいいけれども、失敗した場合はきちんと責任取ってもらうよ、となるわけです。今回の大統領選でも失敗の責任を取ってキャスターが辞めてます。そうした健全さで初めて社会は次に進めるんです。

多様性を認める努力を

上杉　二〇一二年に僕は、ドイツの一五ヶ所くらいのキリスト教会を回って、お話をしてきました。おもしろいのはどの教会も地下室でビールをつくっているんですね。話が終わったあとに降りていってみんなでパーティをするんです。そこでまた深夜まで議論です。そのドイツでなにを知ったかというと、小さな意見を尊重しないといけないということを、社会のルールと法律で決めているということです。たとえば、州によって意見が違うのもそうだし、教会によっても違う意見がたくさんあるのが当然視されているので、一人ひとりがそのあと、ビールを飲みながら自分の意見を言うのも自然なんですよ。ときには激しい論争になります。だからといって、それが相手に同意を求めるとかじゃなくて、自分がこう思うということを言い続けて議論をしていくんです。

もうひとつ、ドイツではメディアのほうもいくつか回ったんですね。フランクフルター・アルゲマイネとかの地方紙、有名なドイツテレビやシュピーゲルも行きました。ドイチェ・ヴェレというラジオ局なども回ったんです。そこで驚いたのは、資本が全部バラバラだということです。日本では放任されているクロスオーナーシップというものが禁止されているからです。つまり、資本がひとつになってしまうと、言論が一方向に進んでしまう。お金で押さえこんで、言論が一方向に向かうと危険だからです。それは明確に禁止しようという認識ができあがっているんです。言論が多様性を持っていないと、一方向に行ってしまう。一方向に行ってしまうと、「独裁」が始まる。過去、それで私たちドイツ人は失敗したことがある。だから法律で決めているんだ、と。

ケン　その事情は日本も似ているはずなのにね。日本では決してそうはならないのは不思議だね。

上杉　ドイツは自分で決めたんです。要するに、自分たちで検証して自分たちの手で処分して、いろんな小さな声を助けるための活動を実行しているわけです。戦後、ヒトラーの負の教訓から学んで、そこに行き着いたのが、このシステムです。これこそが多様な小さな声を守る社会のルールなんです。最後はメデイアの多様性を法律で決めちゃったわけですよ。

ドイツでは各州ごとにメディアのクロスオーナーシップが禁止されています。とにかく、クロスオーナーシップ、つまり、メディアというのは、これが一方向に走ってしまうことが一番恐いんです。そうさせないためにメディアの資本を法律でバラバラにしておくんです。資本が別々だと、たとえ政治から圧力がかかっても、ひとつのメディアが極端に右に走ったとしても、別のメディアは左にとどまり「独裁」を止めることができますから。

ケン　日本のように、テレビ、新聞、ラジオが系列になるようなことは、できなくなっちゃうわけだ。

上杉　できないです。やはり歴史が教訓となってそれが活かされているわけですよね、ドイツは。イタリアは民族性か勝手にそうなった感じはありますけれども（笑）、少なくともドイツの方式はこれが小さな声を大事にする社会のあり方のモデルだと言ってもよいと思います。自分の経験しか言えないんですけれども、そうだと思います。

メディアも小さな声をひろえ

ケン　二〇〇八年のアメリカ大統領選のとき、僕は、ワシントンに行ったんです。地下鉄から上がってきて、オバマを応援する人間と対立候補を応援する人間とが、それぞれ違う入口に立ってるんですよ。その瞬間ね、オバマが勝つなと思ったのは、オバマについている人たちは、明らかに燃えてましたね、普通の人から見て。対立候補についている人たちは、駅のたばことかティッシュ配っている人みたいでした。誰かからお金もらって配っているんだなという印象を受けました。割と単純に受けとめただけですけれどもね。

ところが、あのときオバマを応援していた人たちが、今度は実はみんなトランプを応援していたんですよ。言われてみれば簡単にわかる構造なのに、なかなかプロのジャーナリストたちが理解できないんですけれども、思想が一八〇度違うのに、結局は同じなんですよね。要するに、オバマを応援していた人たちは、「声なき人たち」なんですよ。声なき人たち、誰でもいいから、右でも左でも関係なく、自分の声を伝えてくれる人を探しているんですよ。どの社会もそうです。だから、なかなか単純に、左だ右だというわけにはいかないんです。

トランプが言っていた、声なき人の声が、初めて届くようになって物事がひっくり返るかもしれない。それは昔の左翼だとか右翼とかではなくて、国民が主人公であれば市民の声のとおりに動いてくれるのかくれないのかということが、これからの多様性を決定する大きな要因になると思うんですね。

だから、上杉さんがやっている番組がすごいと思うのは、CNNや「朝まで生テレビ」やFOXを思い出して、やはり同じようにメディアも、市民の声からあまりに離れてしまうときに、戻すものが生まれてくるんですよ。だから、一般メディアが普通の市民の声を聞かなくなってきて、そしてＣＮＮが現れて、戻した。そうしたら、今度ＣＮＮがまた体制に入っちゃって。そうしたら今度ＦＯＸという市民型テレビが始まって戻ってきたんですね。日本の場合は既存メディアがおかしくなって、「朝まで生テレビ」という一晩中なんでもしゃべれる番組ができた。ある程度ときがくると、市民が立ち上げて、自分たちに戻すという流れかもしれないですね。

だから今回、インターネットでテレビ見るなんてバカバカしいと言われていたときに、若者は新聞も開いたことないし、テレビも見たこともないという、この現象に対して、既存メディアが気がついてないし、なにも手を打てていないということが恐ろしいことだと思います。

既存メディアは、早くこのことに気づいて、市井の小さな声をひろい上げてほしいよね。

多様性の確保にはＳＮＳが有効

上杉　マスメディアとマイクロメディアという言い方をするならば、ノーボーダーはマイクロメディアになります。ＳＮＳも含めましょう。今のマスメディアの中核にいるのは実は四〇代、五〇代。いわゆる社会の中枢の世代ですよ。お金を持っている人、権力を握っている人ですね。ところが、マイクロメディアを担っているのはどこの世代かというと、若年層なんですが、利用者となると違ってきます。

実はこの世代がアメリカではもう変わってきていて、マイクロメディアにはあってマスメディアにはないところは、若年層だけじゃなくて、リアルの部分では孫の世代とくっついている高齢者層が利用者層にいるところですよ。地理的にも中西部とかにいて、東海岸、あるいは直接ニューヨークの五番街を歩けない、トランプタワーにも行けないという人はどうするかというと、ネットを通じてそういう状況をつぶさに見ているわけです。

世代の分断というのは、昔はたとえば戦争を語り継ぐにしても、おじいちゃんからお父さん、お父さんから子どもって、連続性が不可欠でしたけど、マイクロメディアは中抜きして飛んでしまっているんですよ。この両層の人々は実は時間があるわけですね。一方で中間の人たちは忙しいわけです。仕事もあるし、家族のためにお金もかせがないといけないし。中間層の四〇代五〇代の世代は、一見、力を持っているようですけれども、実はそれ以外の世代のほうが時間があって、豊富な日常の持ち時間によってつながりはじめているんです。だからオバマのときもそうだったし、トランプでもそうですよね。ケンさんと行ったペンシルベニアの党員集会もそうだったじゃないですか。年取った米国人のおじいちゃん、おばあちゃんが、若い世代と一緒に集会に来ているんですよ。一方で中間層がほとんどいませんでした。

ケン　いなかったね。

上杉　しかもネクタイなんかしている人は、一人もいませんよ。みんなラフなポロシャツっぽい、いわゆる中産階級ばかりです。

ケン　工場から来たばっかりみたいな。

上杉　いわば普通の人たちなんですよ。そこがネットでつながっているんです。老若の二世代がつながっているとなにが起きるかというと、世代間のギャップをマイクロメディアが埋めちゃっているわけですよ。これが世界中で起こっているメディア変革というか、新しい動きなんです。そんな動きは日本にはまだ来てないですから、分かりにくいんですけれども。

現代社会においてメディアというのは、インターネットが顕著ですけど「多様性」をつくっているわけじゃないですか。メディアは戦争を止めることもできるんですけれども、その同じメディアは使い方を間違えると、それこそナチスドイツの宣伝相のゲッペルスじゃないですけれど、戦争を起こすこともできるんですよ。歴史をさかのぼると戦争を起こすのがマスメディア。一方向に行って、歯止めが効かなくなるんです。でも、それを止めるのは、実は、今マイクロメディアの役割のような気がするんです。もちろんSNSも含んで。なぜかというと、マイクロメディアの世界ではみんながバラバラの意見だからです。そのインターネットを中心とした新しい世界では、一つひとつの小さな声が存在しているわけですよ。支持しているのがトランプでもいいし、バーニーでもいいんですよ。どっちでもいいんです。でも「小さな声」をひろってくれるのがマイクロメディアなんです。

この新旧のメディア対決で、今回のアメリカ大統領選では、マイクロメディアのほうが勝った。トランプがインターネットの勝利だと言っているのは、そのことを言っているんですよね。

ケン　やはり。

上杉　ヒラリーもインターネットを使っているが、トランプより巧みではなかった。トランプはそれを効果的に使ったんです。それをリアルの部分に効果的につなぐことができたのです。投票行動は、最後にはインターネットではなく、現実の投票用紙ですから。つまり人間なんですよ。トランプはそこに落とし込むことができたんですよ。これが勝利の最大の理由です。インターネットがもっともきらうのは、権威や権力なんですよ。まさにヒラリー、そしてマスメディアは、権力、権威ですよね。これに対して反発が一気に噴き出したというわけです。

第2章

一人ひとりが主人公になれる社会に

お上はいらない、自分たちでやれるんだ

ケン　僕らは、もう今年で三〇年になるでしょうか、震災のボランティアに行っています。全部に行っているんですよ。今回、熊本が八九回目だったのかな。少し希望がわいてくるのは、震災ってなにがすごいかというと、一瞬、お上がいなくなってしまうんですよ。たとえば、熊本も東北もそうだったんですけれど、私たちが翌日に現場に入ったとき、朝起きると、お上がいないんですよ。特に東北というのは、それまでお上がいないと生きていけないという場所だったのに…。

上杉　みんな、お上の言うことを聞いてきましたからね。

ケン　ところが、特に東北というのはすごい。朝起きて、お上がまったく機能してないんですよ。そうしたら、あれっ、一日目、二日目、三日目、…。あれっ、ちょっと待って。途中から、なんだ、お上がいなくても、俺たちだけで生きていけるんだ、と

いう…。僕も現場で何十回も見てきました。来てくれないんですよ、助けに。自分たちはずっとお上がいないと生きていけないと思っていたのが実は間違っていて、ホントに困ったときはなにもしてくれなかったということに気がついてね。いざとなったら普通の人が動かないんですよ。家族も含めて、いろんな民間の団体とかね。お上は、日本だけじゃないですけれども、どの国でも動かないんですよ。

そうすると、なにが起こるかというと、お上は自分たちがいらない存在だということをバレるのが一番恐い。災害現場はタイプが二つに分かれているんですよ、自由な国と共産圏に。なにが違うかというと、自由な国はお上に断らなくても活動できるんですよ。でも共産圏タイプは、お上を通さないと活動できない。残念ながら日本の場合は、申し訳ないんですけれども、お上を通さないとね。

だからたとえば、僕らは今まで、阪神のときは神戸市役所の人に、東北のときは仙台市役所に連絡してもらって、誰それが行くけれども、ちゃんと見てあげてくださいと言わないとダメなのね。僕らは翌日から仙台市役所の入り口に事務所をつくったんですよ。なにを目の前で見たかというと、役所は国民を助けるということではなくて、自分の存在を早くアピールしようとしているということだったんですね。国民が役所なんていらないということに気づくのを一番恐れているんです。

上杉　そのことがバレちゃうのが、恐いんですよね。

ケン　面白いのが、お上がいなくて、お上がいないと生きていけないと思ったのが、途中から現象として、いなくても大丈夫となったんです。というより、いないほうがよいとなるわけですよ。東北の場合は、何日目からか、みんながいろんな店をつくり出したんですよね。別にコーヒーショップでもなんでもいいから、自分たちで助けよう、と。そうしたら突然に役所が来るんですよ。保健所とか。そうしたら、「なにふざけたこと言ってんだよ、俺たち困ったときなにもしてくれなかったじゃないか、今ごろ来てなんだっていうんだ」というわけです。そしてなにが起こるかというと、最初はお上がいなくて生きていけないと思ったのが、いなくても大丈夫、次のステップが、逆にお上は逆に迷惑な存在だと気がつく。この考え方の進歩が、実際に本当に大事なところでね。

自分たちが主体だという意識を

上杉　へんな話ですけれど、僕がＮＨＫに受かったときもう二五年くらい前ですけれど、最初に内定もらって、名刺をつくるじゃないですか。そのときに、僕は自分で、個人でつくったんです。

ケン　どんな名刺をつくったの？

上杉　記者と書かずに、「日本国納税者」と書いたんですよ。裏には、「タックスペイヤー」と。これを書いたら当時の社会部副部長から怒鳴られて。

ケン　なんて言われたの。

上杉　「お前、そういうことやっているから組織で生きられないし、嫌われるんだ」と。僕はタックスペイヤーというのは、つまり、政治家や総理大臣もそうですけれども、僕たちが雇っているんだ、彼らを、という意識の宣言のつもりでした。僕たちが雇ってんだから、なんで僕たちがペコペコしなきゃならないんだ、お前らがあいさつしろ、という、若気の至りでもありますが、雇い主に対して敬意を払えという意味でつくったんです。そうしたら「だから君はダメなんだ」と言われたんです。でもタックスペイヤーというのは、僕たちが政治家や役人の雇い主なのに、お金払っている人間がペコペコして、お上お上って、お上という字がおかしいだろ、本当は下だろとまで言いたかった（笑）。

ケン　だから言う権利があるってことね。確かにね。

上杉　その感覚が僕は普通だと思ったんですけれども。NHKではそれが逆だと言われたんです。でも、今も思ってますよ。日本人の半分ぐらいはそれぐらいの意識を持ってもいいと思うんです。今こんな考えを発すると危険人物になりかねないですけれども。でも、とにかくみんながタックスペイヤーというのはどういうことなのか？と気づいてほしいんですね。欧米ではタックスペイヤーの意識が高いですよね。僕、アメリカに行って楽だと思ったのは、その意識が高いんですよ。やはりアメリカ人って、自分たちは税金を払っているという意識が強い。お金は払っているんだから公人を使うし、また、応援もするという論理です。

ケン　自分が主人公だからね。

上杉　自分が支持したもの、自分が育てた大統領。米国ではこういう意識があるんですけれども、日本ではありえません。日本には、そういう意味で民主主義というものが根づいていないんです。

ケン　ないですね。

上杉　だから僕はむかしから普通の呼び方です。大臣とは呼ばないで、さんづけなんですよ。こっちが大臣にさせてあげているんだから。「これやってくださいよ」、「前のやつもやってくださいよ」と普通に頼むわけですね。そうやって気軽に大臣としゃべっていると、そのあとで記者たちに聞かれるんですよ。席に戻ってきたら、記者たちが「大臣となに話していたの?」と言うから、「いろいろ頼んできたんだよ」と答えるんです。そこで「えっ、陳情?」、という反応に、僕は「陳情じゃないよ」って。ちゃんとした政治やれよということで、親切にサポートしているんです。こっちが彼らの給料払っているんですから。

ケン　その通りだね。

上杉　そうした対等な意識を持つと、たとえばボランティアの活動ひとつとっても、上から「こうこうこうです」と上から目線で言われた瞬間に、「あなたは知事なのに、なに偉そうなこと言ってんだよ」と言えるわけです。「あなたは僕たちが雇い主なんだからもう少し考えて発言すべきだ！」と言えるんです。日本では若い人はそれぐらい言ったほうがいいんです。タックスペイヤーとして正々堂々とした態度を持たないと世の中は変わっていかない。

少し抽象的かもしれませんが、そうやって変わっていったときに初めて、気づくという、なにか起こる前に気づくというのは、そういうことなのかなと思います。実はもう、そういうことに気づいた人がたくさんいるわけです。そういうふうに自由にモノを言えるという文化じゃないと、社会じゃないといけないんですよ。

ところが、いまの日本では、結局なにも言えないから、起こったあとに「あっ、こうなっちゃった、やはり私たち反省しなくちゃ」となるわけです。「歴史に学びましょう」と言っていたのに、口だけだったわけですから。本当に歴史というものに学んだのなら、今やるべきなんです。「戦争の予感」がするときにちゃんとやっておかないと、本当に「予感」が現実になってしまいます。

映画『君の名は。』の真意は

上杉　最近、『君の名は。』という映画を見ました。大ヒットのアニメ映画です。それがちょっと難しい映画なんですけれども、彗星が分離して田舎の村に隕石が落ちていくんです。それで村は全滅してしまうんです。ところが、この村に住む一人の女の子と、東京に住む男の子とが、入れ替わっていて、二つのストーリーを同時並行で見ていくんです。その複雑な部分はいいとして、僕がここで言いたいのは、その村のたった一人の少女が、村の救済をやりとげてしまうというところなんです。

この少女は、隕石が村に落ちてくるということが分かったときに、「頭おかしいんじゃねえか」、「こいつバカじゃないか」と言われても、彼女についていく親友と自分たちで災害放送を流して村じゅうに避難勧告をするんです。それを聞いて、村民が動いて避難ができるというのと、それを言ったけれども村の人たちが無視したというのと、歴史の分岐点になるわけです。大人たちが子どもたちの声に耳を貸したときは、よい方向に進んで村は助かるんです。

これを見ながら、もし戦争のときだったら今の子どもたちはどう動くのだろうというようなことを考えさせられました。子どもたちが「独裁がくるよ」、「戦争がはじまるんだよ」と言ったら、これは多様性ですよ。でも、その多様性を「そうだね」と言って耳を傾ける余裕のある社会だったら、戦争は止まるけれども、余裕のない社会だと、そうはならない。つまり、今の日本のような社会つまり過度に一元化された言論国家においては、小さな声を平気でつぶすわけですから、子どもたちの声は消されてしまうんです。

そういう意味では、小さな声をどれだけ大事にするかということは、やはりたいへん重要なことだということです。もっと言えば、この映画のように子どもであっても、大人であってもそういうことを言う人たちを排除する社会、そういう人たちをバカにする社会というのは、危険ですよ。

ケン 聞いていると、震災の話と通じるんだけれども、映画の原作者は、戦争を意識してるのかな。僕なんかは、隕石が落ちるというのは空襲のように思えるね。

上杉 震災であろうが戦争であろうが、それに対して対応するというのは、事実に対して謙虚でないといけないんですよ。という意味では、この映画は戦争映画とも言えるし、災害映画とも言えると思うんですよね。多分、三・一一の震災をモチーフにしているのは間違いないと思うんです。やはり、防波堤にしろ堤防にしろ、つくってみて、それでもうすべてが安全だと思い込んだらおごりだということです。キーワードは「忘却」なんですね。

地震という意味では、東北には、あまりにも大昔ですけれど貞観地震というのがあったわけです。そして三陸は何度も津波でやられているわけですよ。だから地震が起こったら津波がくるということじゃないですか。でも、「大丈夫だろう」と誰も根拠はもってないけれども、避難所からみんなが戻っちゃったというわけです。要するに、

「みんなが」という、いつもの日本の恐いところです。戦争のときも「みんなが安全だと言っているんだから、戦争になっても大丈夫だろう」となってしまいますよ。そこは共通しているんです。

要するに、今は大丈夫だからと言って、過去の失敗を直視できない国なんです、日本は。すぐ忘れるというのは、ある意味いいことかもしれないけれども、戦争とか自然災害というのは忘れた頃にやってくるとはよく言ったもので、忘却したときに、社会におごりが出てくるわけですよ。戦争はそういうときに起こるんだという意味で、『君の名は。』が言っているのは、警句的というか、そういう意味もあるんじゃないかなと思います。

ケン　おもしろいね。

上杉　作品の意味というものは、受け取る者が自らの想像力で各自、自由に受け取ればよいと思うので、僕はそういう解釈をしています。著作だって、出版された瞬間に作品が自分のものじゃなくて読者のものに移るという考え方がありますよね。それを戦争として読んでもいいし、災害として読んでもいいし、自分の人生として読んでもいいわけです。

ジャーナリズムにおいてもそれが普通になるべきなんです。ジャーナリズムでも僕はこうやって取材してきました。「材料を提供しますよ、あとは皆さんで好きにそれを使ってください」というべきなんだけれども、今のメディアは、それをする前段のレベル、世の中に出していいかどうかと忖度するんですよ。出したらダメだから、出さないほうがよいからというような「忖度メディア」。そういうような社会というのは単一化されてきて、結局一元化され、その先に独裁がきて、何度も言うように戦争の可能性が高くなっていくわけです。

ひとりの活躍が社会を変える

上杉　ごく少数の人が、あるいは、たったの一人が言い出して、その流れにごくわずかの人々が賛同し、あっという間にそれがダーッと広がっていく、ということはありうるんですよ。津波で流されてしまった大槌町の良い話です。自治会長の芳賀さんという人がいます。このかたは、なにかというと、津波から逃げた人たちで、もうどうにもならなくなって、自衛隊を呼んだんです。自衛隊に反対しているから議会はダメだとか町の役人は言っているんだけれども、この自治会長はやったんです。町の若者たちと一緒に滑走路をつくるんです。とにかくつくってしまうんです。

ケン　降りてこられるように。

上杉　そう、降りてこられるように。もう「あいつ、頭おかしいんじゃないか」と言われたらしいけれども。それはなにかというと、若者たちがつくろうといって、あの震災のさ中つくるんです。

　この世の中を変えるのは、一方向にいくのは、三つのタイプの人間だとよく言われますよね。「若者」「バカ者」「よそ者」。実は、その三つを排除しないから、その自治会長にできたと、のちに僕が創設した公益社団法人の自由報道協会の会見で言っていました。要するに、若者たちがこうだと言ったけれども、それはやれということだと。

「バカ者」というのは、だいたい、世の中を変えられるのはバカなやつだと。坂本龍馬だって、いまは偉人と言われているけれども、当時からすると「バカ者」呼ばわりですよ。テロリストですからね。

ケン　へんなやつね。

上杉　とにかく、僕も「バカ者」ですけれども、ケンさんも「バカ者」ですよね。でも、その「バカ者」の声に耳を傾けられなきゃダメだということですよ。

もう一人は「よそ者」なんです。やはり、コミュニティというのはどうしても同じ雰囲気になってしまうから、自然と間違った常識が通用してしまうんです。あるいはこの「よそ者」というのは外国の知恵ですよね。外国で生活した方、僕もそういう意味ではニューヨーク・タイムズにいたということで、ある程度外の目で物事を見るくせがついている。ケンさんはもちろん、米国と日本の両方の目も持っている。そういう「よそ者」の意見を排除しはじめたときは、いよいよダメなんだということを間接的に、大槌町の自治会長も、『君の名は。』の主人公も、伝えようとしたんだと思うんですよ。あの映画をこういう見方をする人はあんまりいないかもしれないけれど、僕はあれを戦争映画だなと思ったんですよ。一方で主人公の若い子どもたちが、異論を唱え、社会の独裁を止める。

ケン　ダブルメッセージだね。

上杉　彗星は震災だと、戦争なんだよと。でもそれは人為的なものなんだけれども、避けられることもできるし、被害を食い止めることができる。そして、それができるのは、結局、中にいる人たち、一人ひとりなんだよ、というメッセージなのかなと思いました。そういう意味で、若い人たちは感覚的にちょっとまだ分からないけれども、気づいている若い人たちもきっといると思うんですね。

ケン　気づいている若者たちを増やすことが大切なんだよね。

上杉　そして、年配の人たちとそこで、世代間は遠いけれども、結びついてくれると。

ケン　このドッキングなわけね。そうなんだよ。

上杉　中間層の四〇代、五〇代は、もう目先のことしか捉えていない。権威や地位だけで中身でものごとを見ようとしないんですよ。

データは一人ひとりを見ない

ケン　一人ひとりが大切にされなければならないということを心から思います。大学のクラスの中で話題になったんですけれども、今データの時代ですよね。僕はこの前、大病を患ってしまって、はっきり言って死ぬところだったんですけれども、入院しちゃって、新しい先生についたんですね。昔は診療室で医者に会うと、胸をなでたり、どこかを叩いたりさすったり、いろいろと触ってきたよね。でも、今はそんなこと一切やらないんですよね。全部、パソコンの画面だけ。パソコンの画面見て、クリックしているだけなんですよ。

上杉　体に触りもせず？

ケン　そう。今までなら、なんとなく医者が触ってくるんですね、なんとなく。

上杉　聴診器とかは？

ケン　今度はね、コンピュータの前に座っているんです。横に座るんですね。人の顔も見ないで、じっと画面ばかり眺めている。画面を見ながら、僕は、こっち側に座っていて、向こう向いて「なるほど、うんうん」とひとり言、言ってんのね。途中から「あぶなかったですね、よくステロイド出しましたね、死ぬところでしたね」と。僕、横で「先生、死ぬとこでしたって言うときぐらい、人の顔見てください」と。そうしたら「あっ、そうですね」だって。

この一場面で、なにを感じたかというと、今回の僕らが体験したアメリカ大統領選の大きなテーマがひとつ浮かびました。それは、データで人の心を読めないということです。クリントン陣営はそれで失敗しましたね。

上杉　確かに。

ケン　トランプの一〇倍、データのことにお金を使ってたんですよ。トランプ陣営のあの赤い帽子、なにがすごいかというと、トランプがバカにされてたのは、あの帽子に使ったお金が、ネットワークづくりより多かったんです。一般メディアがこれをバカにしたんです。

上杉　日本のメディアもそれをバカにしてました。

ケン　こういうくだらない帽子のために お金使って。ところが、ここがポイントだったんですよ。この帽子が、覚えているかな、買おうとしたら買えなかったですよね。この帽子を、昔、日本の農協さんと言われていたみたいに、みんなつけるじゃないですか。これをバカにするということがポイントだったんです。これでトランプが、一般の人たちの心をつかんだんですよ。帽子をかぶる人間と、ネクタイをつける人間の違いなんです。

でも、トランプ陣営は、データを完璧にやったの。

上杉　データを完璧にやっといて、しかしそこには頼らなかったんですよね。

ケン　僕らがトランプの選挙本部に四日前ぐらいに入ったとき、もうそんな直前だというのに、人がいなかったよね。

上杉　ガラーンとしてましたよ。ヘッドクォーターで一〇人もいないかな。ガラッと開けた選対本部の戦略スタッフルームも、部屋は大きいけれども、あそこで一五人ぐらいかな、そしてトランプタワーの地下の電話班はボランティアですけれども二〇人もいなかった。人がいないんですよね。

ケン　だからデータ化時代の恐ろしいところで、データでは人の心を読めないという分かりやすい例になったわけです。ヒラリー陣営は調査をして、それを分析して、そしてアプリにして、あと不正投票の比率も考慮に入れて綿密にやっていたわけですよ。グラウンドゲームといって、選挙の基本というのは、当日、人が投票所に行かないとダメなんですよ。だから一番お金を使うのは、投票日に、バスなり車なり、有権者に連絡して、今から投票に連れていってあげましょうよという、このグラウンドゲームに対して、ヒラリー・クリントンたちは世界一のグラウンドゲームをつくったんです。

ところが、トランプは全然つくってなかったんです。バカにしたの。彼が言ったのね。グラウンドゲームが燃えてくれれば、それこそグラウンドゲームだって。いくらお金を出しても、いくらバスを提供しても車を提供しても、行きたくないのは行きたくないの。だから、データ化された社会の中には、落とし穴があって、人の心というのは、いくらデータ化が進んでも、いくらデータが細かくなったとしても、大きくはずれちゃうんですよ。

へんな話だけれども、昔の医者は長年の経験で、見たところ触ったところで分かるんですよね。でも今の医療は、これをバカにするんです。僕、今回病気したときにすごく感じたのは、手足しびれちゃったんですよ。ところが、これだけはどうしてもデータで出てこないんです。

上杉　痛みとかしびれは数値化できませんからね。

ケン　そうなの。ある薬と薬を合わせて飲んでるときに、しびれはじめたのね。僕、医者に言ったんですよ。「先生、ちょっと手足がしびれはじめたんですよ」。そうしたら「そんなことありえない」。だって現にそうだと言っているのにですよ。データは、人の心まではあらわせないんです。データを利用するのはいいけれど、データに依存しすぎてはダメなんですよ。あるいは、そのことをふまえた上でデータを利用しないと困りますよね。

データ偏重主義に陥るな

上杉　今のお話で、データ依存の医者というのは、トランプが勝つなんてありえないと言った専門家と同じですよ。

ケン　昔の医者だったら、患者の意見はすごく重要なのよ。ここは「すみません。しびれはデータには出ないです」と言うべきですよ。結果的に、そして実際にそうなったんだから。

そういうことで言うと、まさに僕らが肌で感じたことがあります。ヒラリー・クリントンがブルックリンで確か三〇〇人ぐらいの態勢で高いオフィスを借りて、世界一の巧妙なデータスペシャリストを呼んだんです。かたや、トランプたちは、もう数日前なのに、なにも準備しないで平気だったんです。でも、トランプ本人は、なにが優れていたかというと、頭もたいしてよくないし、特に際立った能力はないけれど、人をにおいでかぎわけることがずば抜けているんですね。

上杉　天才的な、天性の嗅覚みたいな。

ケン　人間本来のね。先ほどの医者とは正反対の、昔の医者のね。

上杉　直感ですよね。

ケン　そう。なんで僕らが去年からトランプ陣営に連絡したかと言うと、気持ちだよね。データではなくて気持ちですよ。だから、気をつけないと、あまりにも時代がデータ化されると、たいへんなことになっていきます。

上杉　データ偏重主義になってしまうということですね。それによると、人間性が軽視されているというか、しょせん人間は生き物ですからね。データに出ないものが、この世の中には九九パーセントぐらいあると思うんですよ。データなんて、ほんのごくわずかのことしか示せないんですよ。

　これは最近、大学や塾での講演で話したことですけれど、日本は答えがあるものを見つけるエリートがたくさんいると。大学の入学試験も就職試験もそう。みんな答えがありますよね。答えがいっぱいあるんだけれども、この世の中の九九パーセントは答えなんてないんですよ。そもそも答えを出す必要ない事象が大半なんだから。データもそうですよね。データ化できるものというのは答えがあるものなんです。でもこの世の中って、データで答えを出せるものなんてほんのわずかしかないはずです。

ケン　答えられないもんね。

上杉　答えられないものがほとんどなんで。でもエリートたちは自分たちの見えない部分をないものとする。ただ、それを抜きにしてやったところで、結局データの世界の中で言ったら膨大な百や千や万の世界のごく一部に過ぎないんです。つまりビッグデータといえどもわずかな現象に過ぎないんですよ。この世の中というのは、分からないことがほとんどなんだということですよ。そこのところをおごってしまったらダメですよと、学生たちにはよく言うんですね。

だから、その流れでいうと、ケンさんの今の話で、たまたまトランプの選挙の話ですけれども、ふたをあけるまでは、やはり疑心暗鬼なんですよ。ジャーナリストの特性からすると、両方に対する可能性を決して否定しないという立場が大切なんです。懐疑主義は必要だし、と同時に、「ヒラリーが勝つ」と言っている日本の全メディアの中では、そうじゃないというものを提示するのは、多様性を含めて大事なことなんです。ノーボーダーは、それを考えて、「トランプが勝つよ」と言っているケンさんのほうの意見も、オプエドでもずっと使ったわけですね。いろんな意見の人に出てもらって、いろんな意見を取り上げるんですよ。

メディアの敗北

上杉　かつて勤務していたニューヨーク・タイムズの元同僚たちに、いろいろ異口同音にメールを送ったり電話したりして、大統領選の動向を聞いていたんですよ。「ヒラリーが勝つに決まっているだろ」と言っているわけです。

ニューヨーク・タイムズのエリートたちでもそういうふうに間違いを犯すんです。所詮、新聞なんて人間がつくっているものだから、そうしたエリートと対比して考えたのが市民の人々、あの赤い帽子なんですよ。僕、ずっと買いたいと言っていたじゃないですか。あの赤いキャンペーン帽子、すぐ売り切れる。みんなが並んで買うから。

ケン　ホントだよね。

上杉　あの赤い帽子を。買っていた人々は一般の人たちですよ。普通のおじいちゃん、おばあちゃんたちです。

ケン　一個四千円だから安くないよね。

上杉　うん。しかも、それをかぶるとニューヨーク・タイムズとか、大きなメディアの人たちはバカにするわけです。ダサい、と。なにが言いたいかというと、これはエリート層からすると格好悪いです。ところが、みんな他の一般の人はこれがほしいわけですよ。これが市民運動の象徴だ、と。トランプ現象を市民運動と捉えないところが日本のメディアの悪いところです。だいたいエリート層なんて社会の中の一パーセントなんですよ。九九パーセントはエリート層じゃないんですよ。そういう意味で、米国に着いた瞬間にニューヨーク・タイムズの人たちが、これダサい、トランプ勝ちっこない、トランプタワーなんか入ったってあんな金ピカ趣味よくないぞ、と言った瞬間に、あれっ、ほとんどのアメリカ人はそう思ってないぞ、と逆に感じたわけです。これ、もしかしてトランプの勝利があるんじゃないか、と。

ケン　肌で感じたんだ。

上杉　メインストリームメディアがやっていることはどの国でも権力の追従にすぎず、よくひっくり返ることがあるんです。それは日本でも同じことが起こっているんですね。二〇〇一年、小泉純一郎さんが出てきた、当選するわけないだろ、二〇〇五年には郵政解散で勝てるわけないだろうと、日本のメディアは全部そうだったんです。ところが、フタを開ければもう誰とも名前も分からない人たちが小泉首相を支持して圧勝してしまった。こういうことは過去に何度も起きているんですけれども、ニューヨークに着いたときに、あの赤い帽子こそがトランプ革命の象徴だと思ったんです。

日本ではケンさんが「これですよ、永六輔さんとこれをつくった」と持ってこられた憲法バッジですね。最初、ノーボーダーしか取り上げなかったですよね。

ケン　一番最初に取り上げてもらいましたよ。

上杉　東京新聞はあとでやるけれども。他のメディアはこれをいまだに出さないわけです。テレビも新聞も。なぜかというと、彼らからすると、これはダサいというのと同時に、自分たちのエリート主義から外れているわけですよ。ところが一般の人たちの申し込みはすごいですよね。なぜかというと、それが自分たちの連帯の象徴だからです。

つまり、今回の大統領選はヒラリーだけでなくメディアの敗北なんですよ。要するに、メディアの敗北というのがあって、それを見抜けなかった日本のメディア、同時にアメリカのメディアも、自分たちの敗北というのを見抜けなかったんですね。いつものおごった姿勢で続けていたからです。マスメディアがなぜ強いように見えるかというと、圧倒的なアーカイブとデータで、俺たちは正しいんだ、と言っているだけなんです。こんなにお金をかけて、こんなにたくさん集めたんだから、この数字が間違えるわけないとやるわけです。そうすると、それに対しての反論を持たない、資本を持たないマイクロメディアは、ＮＨＫがそこまで言うんだったらしようがないだろ、朝日新聞が言うんだったらしようがないだろ、となるんだけれども、内心では違うかなと思っているんです。

アメリカに行っても同じでしたよね。ニューヨーク・タイムズが、そしてワシントン・ポスト、ＡＢＣなどが共同でやった調査なんかにはどこもかないっこないですよね。ところがそれすら今回は間違えたんです。やはりデータ偏重主義というのは、人間のいわゆる本当の感性というか、リアルの部分に一致してないというところで、たびたび間違いを起こしている。今回、トランプ現象というのはそういうものだろうと思うんです。日本でいうと、これからなにが起こるか分かりませんけれども。

ケン　だから正しい。

上杉　新潟の県知事選もそうだったし。誰も勝てるとは言ってなかったんですから。最初、ポイントで二〇ポイント離れていると、世論調査ではなっていたんです。でも、逆転したじゃないですか。そういうことが起こっていることに対して、そろそろ日本のマスメディアは謙虚に見なくてはいけないんじゃないかと思います。

第3章 現場から見えてくるもの

現場の体験によって気づく

ケン　大学で、「市民社会」というテーマでクラスをやっているんですけれども、社会は三つに分かれているんだと、いつも言うのです。お上と、企業と、市民ですね、市民社会は。そのなかで、要するに本来は役所は私たちの下なんですね。僕は、災害というのは神様のいたずらみたいなものと考えています。一瞬、全部裸になるからです。

これはなかなか誰にも言わないことですけれど、僕は東北はこれから先は大いに元気になると思っているんです。その理由としては、東北の人たちは気がついたと思うんですよ。自分たちの可能性に気づいたと思います。なにもかもがなくなったときに、お上はやはりダメなんだと。誰が大事なのか、自分の家族とか自分の才能とか、自分の仲間たちとか。そしてお上はプラスではなくて迷惑なんだという。なにやってんだよって、こうやってお店つくってちゃんとみんなに食べてもらってんだから別にどうでもいいじゃないかって。保健所が来て、許可なく活動しているなどと言い出す。現場はもうすごいですよ。もう、ぶんなぐってやるみたいになってね。

だから暗い話が多いかもしれないけれども、今回の、東北大震災、五年前になりますけれども、このおかげで、少なくとも日本の北は目覚めたと思いますよ、初めてね。「ちょっと待てよ、俺たちはできるんだ」と。震災は、もちろん悲しいんですよね。でも、神様のいたずらでね。定期的に原点に立ち返らせて、これに気づかせるということなんですよ。二万人もの方が亡くなったんですけれども、もし、その死がなにかのためになるということがあるとするならば、家族の人たちにいつも言うんですけれども、そのおかげで大事なことに気づかされたんだと。それは自分たちでできるんだって、そしてお上はお上として基本的なことをやってさえいればいいんだ、あとは黙っていればいいんだという…。すごく不思議な、それこそ原点に立ち返るという、そういうことを僕は何十回も現場で見てきましたよ。素晴らしい現象ですよ、これは。

上杉　なにか起きると覚醒されるというか、気づくわけですね。でも、大事なことは、なにも起きなくても想像力を働かせて、そういうことに気づくということですよ。それこそ本当に戦争まで起きて、初めてこうだったんだって分かったときにはもう遅いわけですから。もちろんそれらは政治や行政の役割ですけど震災の被害を受けられた方々は本当に気の毒だけれども、そういう意味では立ち上がって、今までとは違った現実に、今まさにケンさんがおっしゃったように、気づいたわけですよね。

ところが、体験した人が気づいたことも、体験していない人は一向に気づかない。体験していない人たちが気づくようになるのにはどうしたらいいかということを考えるとき、僕は結構悲観的です。ある意味、それは無理だとまで思っています。多分、歴史上、モンテスキューとかロックとかカントとかが出てきたときの政治哲学にしろ西洋社会思想にしろ、社会の概念を変えようとするとき、戦争というものを彼らは見ているから変えることができたんじゃないですか。どうしてもそこを見ないと難しいのかなというのが、悲観的な理由です。

もちろん、事前に起こる前に気づけばいいんですけれども、人間というのはどうしてもエゴイズムが中心に働いてしまうので、事象が起きてはじめて、「ああ、こういうことだったのか」となる。では事前に、それを示すというような、たとえば哲人政治家みたいなのが出てくるというのは、歴史の奇跡的な場面なんで、ほとんどありえないことだと思います。とくに日本ではかつてそんなことはなかったのではないかと思います。やはり、今の話のように、村社会で、お上に委ねるということに起因しているのでしょう。

だから僕はもう日本の社会においてはもう無理だなと諦めてしまっているんですよ。そうするとどうなるかというと、結局、革命とかそっちに行き着いてしまうわけですよ。社会革命に。おっしゃるように戦争で、しかも日本は一気に変わることができないというのがよく言われることなので、戦争に準ずることをしてしまうんですよ。そうすると、この前の三・一一を経験して、これはいけるかなと思ったんです。ところが全然ダメだったんです。要するに、あの震災で気づいた人がいても、そんなにみんながみんなではないんです。ぼくも東北に入ってますけれども、あの震災でもちろん二万人の、とんでもない数の犠牲者が出たにもかかわらず、気づいた人というのはごく一部なんですよ。沿岸地域の、あるいは福島の原発周辺の人たち…。他の人たちは、やはり自分たちには関係ないんですよ。

ケン　東北の中の人ですら…。

上杉　はい。だから、これは無理だなと、この国は。というようなのが五年目にしての実際のところですよね。では気づくというのは、どうすればいいのかというと、気づいた人が小さい声をとにかく言い続けるしかないかなと思っています。そういうことだけをやっておけばということで、「ヴォイス・オブ・フクシマ」という非営利団体を立ち上げたりしたわけですけれども。二〇一二年につくったときに、地元・福島のコミュニティラジオのトップの方だとか、ラジオパーソナリティの方と話してお願いしたのは、すぐに多様な声を集めてくれ、右も左も、原発賛成も反対も関係なくいろんなもの集めてくれ、ということでした。

でも、この「ヴォイス・オブ・フクシマ」の意味が分かるのは、早くて三〇年後だと思いますよ、と現在の代表の佐藤さんと久保田さんに言ったんですよ。すごく長期の報われない仕事になると思いますけれども、それでもやってもらえますかと言ったら、「やります」と言ってくれたんです。「自分も郡山に、東京の人間なんですけれども、家族も含めてここに骨を埋めます。それをやらせてください」と。それを今も継続してやっているわけです。「ヴォイス・オブ・フクシマ」の彼らは気づいているんですけれども、それでも五年かかっても、まだ意味が分からないという人が大半という現状です。なかなか「気づく」ということは難しいことなんですよ。

一人ひとりに役割がある

上杉　僕が悲観的なのは、日本は、そういう意味では変わらないと思うからです。ケンさんの話で言えば、ボランティアですよね。最近だと、熊本で震災が起こったときに、すぐに行ったんですよね。やはりケンさんはそのへんがすごいなと思ったのは、オプエドでもすぐに熊本震災のことをやり出したんですね。ところが、日本ではなにか起こったときは、行政やメディアのエリートから、救援活動の邪魔になるから「入るな」と言われてしまうんです。みんながバラバラでボランティア活動に入ると混乱する、と。

ケン　よく言うよ。そんなことはないよ。

上杉　盛んにテレビでも流してますよね。でもケンさんは、「来るな」と言われても、入っていくわけですよ。お上が「ボランティアするな」って、「ボランティア活動やるな」と言っても入る。毎回そうなんですよね。要するに、お上というのはイコール「エリート」ですから、無謬主義（失敗しないこと）なんですよ。本当は自分たちの仕事のできないことがバレないようにしているだけなんですが。それをごまかす装置が記者クラブといって、僕がずっと言っている、日本にだけ存在する悪のシステムです。記者クラブというのは、日本の政府、つまり行政の窓口として機能しているだけなんですよ。

ケン　同じ思想なんだ。

上杉　つまり政府の広報なんですよ。そう言ってしまうと分かりやすい。広報が、一生懸命、たとえばＮＨＫがみんな「現地が混乱しているんでボランティアは入らないように」と流すんですよ。「ボランティアに入るな」などという国がどこにありますか。それでも、ケンさんは入っていったわけです。そこでニューズ・オプエドのスタジオにつないでもらったときに、いろいろと質問したわけです。「現状はどうなんですか」「混乱しているんですか」と。するとケンさんは「そんなことはない。混乱なんてない」と答えてくれました。みんな自然発生的にバラバラにやっている、と。そしてたいへんうまくいっている、と。バラバラにいろんなことを、それぞれが、一人ひとりが自分にできることをどんどんするんですよ。たとえば音楽家の人がとりあえず助けたいと入るわけですよ。でも、なにもできない、と。ところが、自分にしかできないようなこと、楽器をひいたり、歌を歌ったり、それがすごく役立つんですよ。

ケン　いいねえ。

上杉　その人たちが心病んでるときに、暗い夜の不安の中でひとつの音楽がひとりの人間を助けるかもしれないわけですね。そういうそれぞれのできることをやるというのがまさに、ボランティア活動ですよ。日本の場合、政府とメディアはそれを「混乱」というんです。つまり「多様性」を「混乱」というんです。そこがボランティア精神と、市井の人々の自由な意志を上から抑えつける日本の特徴なのです。熊本のときにそれがよく分かりました。

そして、ケンさんは、そんなこととは関係なく、震災が起こったらすぐに仲間と一緒に入っているんですよ。多分、日本で一番早く車に物資を積んで熊本入りしたチームじゃないですか？　一人ひとりが違っていいんですよ。個の存在というのは、夏目漱石が『私の個人主義』で書いているように、個人主義は自分のエゴじゃないんだ、ということですよね。あくまでも社会にとっての個人主義だ、と。それを日本は漱石が書いて何年も経っているのに、まだ実践できてないし、意味も分かってすらいないという現状ですよね。

自然調和の方向へ

ケン　だから、それぞれが違うところにあるとすれば、マーケットに任せるということでいいんですよ、へんな言い方だけれども。

上杉　神の見えざる手。

ケン　マーケットに任せたほうがうまくいくんですよ。

上杉　まさにアダム・スミスの『国富論』の世界ですよね。

ケン　そう。ちょっと極端かもしれませんけれども、八九回ボランティアに行って、世界どこでもそう。お上がまったくないほうが、うまくいくんですよ。なんでかと言うと、人と物が自然に集まってくるんですよ。

上杉　まさに神の見えざる手ですね。『国富論』を社会に持ってきている感じですよね。

ケン　そう。たとえばわかりやすく言うと、私たちが熊本にいるときに、動いた人が

「いろんな物持ってきたい」と。「なにが必要か」と。じゃあ、今日は布団とか野菜がなかったから、翌日、野菜がトラックでドサッと来るんですよ。ところが次の日は、毛布を持ってきたのかな。毛布はいらなかったんですよ。そうすると、いらないからあちこちで帰っちゃうんですよ。誰にも断らないで勝手に来ちゃったんですから。それで自分がいらない物を持ってくれば、別に、「そうか、わかりました」と言って帰ればいいだけのことですよね。

ところが、お上がいると、すべての物を管理しようとするんですよ。日本の場合は社会福祉協議会というのが、そのまま戦前の国体のよみがえりですよ。五、六年前から初めて現場で社会福祉協議会が活躍しはじめたんですよ。「社会福祉協議会を通さないと避難所に入ることはできません」と言い出したんですよ。僕らは毎回けんかして入るんです。社会福祉協議会に登録して物を持ってくるとなにが起こるかというと、「混乱」になっちゃうんですよ。

上杉　行政による「混乱」ですね。

ケン　たとえば、社会福祉協議会に連絡して、「なにが必要ですか」と聞いて、じゃあ「米です、一〇トン持っていきます」となって、現場に着くんですよ。そうしたら、「もう間に合ってます」。そうすると怒るでしょ。断ってきたらね。ここでトラブって、社会福祉協議会でどの避難所がどうこう、これをどこに行っても仕切りきれないんですよ。ところがすべてないほうがうまくいくんです。

上杉　何がですか?

ケン　マーケットが。

上杉　自然に働くんですか?

ケン　働くんですよ。

上杉　今、ケンさんのおっしゃったようなことを、僕は福島で経験しました。たとえば福島でも震災直後、東北は寒いので、布団がない、着る物がない、と思っている人がいるからたくさん集まるんです。ところが、それは政府の発表したものなんです。さらにマスメディアが、朝から晩まで、「着る物と布団がない、古着でもほしい」と言うから、そればかりがあり余りほど来るわけです。

ケン　いらないよね。

上杉　古着などついにはゴミになってしまって。沿岸地域の人は確かに物は不足していたけれども、昨日必要なものはもう今日には必要でないということが起きるわけですよ。古着だけがどんどん来て、しかも汚い古着とかが来るわけですよ。ゴミ捨て場みたいになってしまう。ところが政府は、古着が足りないと言ったもんだから、余って体育館いっぱいになっているのに、もういらないと言えない、「いろんな物で困ってます」と、「現場は混乱してます」と言うんですよ。「混乱しているのは行政のほうだろ」となるわけです。まさにケンさんの言った通りになるんです。

とは言いながらも、行政の役割は確かにあるわけです。だから民間ボランティアと一緒にやればいいんですよ。ただし、バラバラにね。それを彼らは管理しようとするからおかしくなる。管理しようとしたときに、もっとも前面に出てくるのがお上意識なんです。日本の場合、政治とか行政が言うと、お上意識があるもんだから、社会は変化する。みんなの中にも実はお上意識があるものだから、それに従うんです。従わなくていいのに従ってしまうんです。これはなにかというと、明治以降抜けきれない日本人の思考回路ですね。お上は基本的に間違いない、お上に逆らわなければいい、というこどが肌身に染みついてしまっているんです。

現場で寝食を共にしてこそ気づく

ケン　ところで、僕、避難所生活、多分半年ぐらいなんですよ。必ずうちのチームが行くと、避難所で寝泊まりするんですよ。なぜかというと、一番最初に行ったとき、避難所に手伝いに行ったんですね。そこにいる人たちは、「お前ら、なんだ」と言うのね。「どっから来ているんだよ」とかですね。「いいとこ泊まっていい飯食って、ここでなにやってんだ」と。そこで僕、初めて反省して、そこで泊まるようにしたんですよ。

そうしたら手伝うじゃない。「お前どこで、いいところに泊まってんだ」、「いや、なに言っているの、あそこで寝てますよ」と言うのね。「でもどこか外でうまいもの食っているんじゃないか」、「いや違うよ、みんなと一緒にまずいお弁当食べて」、そうしたら、「うそだろ、今日朝飯なんだった」と聞いてくるんだよ。「今日はたくあん一個とピーマンでしたよ」と言ったら、「そっか」と。そこから初めて受け入れてくれたんですね。

もうひとつの失敗は、最初の頃知らないで取材受けてたの。気がついたら、あの人たちも同じテレビ見てんだよ。夜、避難所に戻ってきたら、「いい気になってんじゃねえよ」、「どうしたんですか」、「かっこつけてんじゃない」と、何十人も怒鳴り込んできたのね。「なにがあったの」、「あんたさっきテレビに出てたよ」と。「はい」、「なに気取ったこと言ってんだ」と。

上杉　仲間意識がある。

ケン　動機を探ってるんですよ。だからあのあとから、一切、現場の取材をやめたんですよ。なぜかというと、彼らは命がけですよね、たいへんなことあったんだから。来る人たちに対して、助けてくれるなら喜んで受け入れたいけれども、単なる、僕はいつも写真撮りに来て一日中写真撮って、次の日の新聞に出てたんですね。

もうひとつは、その現場で、三つに分かれているんですね。お上と、企業と、市民なんですね。どれも必要なんです。

もっともわかりやすくいうと、お弁当ね。現場で、避難所で三つのタイプのお弁当が配られるんですよ。A弁というのは、お上が配るお弁当。これも必ず大量にあるし、無理なくつくっているんだけれども、でも大きな違いがひとつある。配り方です。今でも頭から消えないんですけれども、四〇分ぐらい、おじいちゃんが並んでるんですよ。お弁当の配り方が、役所ですよ、役所の窓口の配り方ね。おじいちゃんが四〇分待ってやっとお弁当もらったら、ご飯とたくあん一個なんですよ。あのおじいちゃんの顔が、「えっ」、そうすると向こうが、なんだこのやろー、感謝しろ、みたいな、この一瞬ね。でもA弁がないと困るんですよ。大量に物がないんですよね。だからA弁は否定しちゃダメなんですよ。でも、こんな寂しい渡し方。

二つ目、B弁っていうのは、企業が持ってくるお弁当なんですよ。これもひと回りかわいいんですよ。お弁当ももうちょっと豊富で、ちゃんとクレジットがついてるんですよ、どこどこ提供と書いてあるんです。配り方がひと回りやさしいんですよ。その中にB弁と一緒にくっついているのがヤクザなんですよ。一番現場でよくしてるのはいわゆるヤクザですよ。

上杉　今回もそうですよね。

ケン　なにをやるかというのは、たとえば、新潟かな、全国の飲み屋から一番かわいい子が集まってくるんですよ。みんな寒いからラーメンだったのかな。ヤクザというのは、一番人の心つかんでますよ。やはり疲れてきて、かわいい子から渡してもらいたいよね、当然。もうひとつはあったかいラーメン。もっとすごいのは管理がすごいんですよ。「お前さっき来たろ」とか、きちっとラインを見ているんだよ。だからすごい、一番手っ取り早く、無駄なしでやれるんですよ。

三つ目は、一番現場でほしいと思われるC弁なの。これは普通の人が持ってくるお弁当なの。よく家族で持ってくるんですよ。一〇個とか。親が子ども連れてきて、避難所まで来て、見せるんですよ。手づくりのお弁当というのは、ほとんど来ないんだけれども、これが一番みんな欲しいんですよ。もちろん雑ですよ、手づくりだから。でもその配り方が根本的に違うんですよ。家族がみんな来るんですよ。避難所に来て

「どうぞ、皆さん元気になってくださいね、がんばってください」と言いながら、配るんです。

だから、AとBとCは、どれも必要なんですよ。でもAだけじゃ、お腹いっぱいになるけれども、心つぶれちゃうよね。Bはその間で大事なんだけれども、商売だから限界がある。CはCでやさしいんだけれども、すべてをまかなえない。

こうしたちょっとした現象からも、現場で何日も寝食を共にしていると、本質が見えてくるんですよ。

現場を体験してほしい

上杉　現場というものを体験して、若い人たちのほうで気づいて社会を変えていくということを可能にしてほしいんです。そして、この雰囲気とか、空気とか、まさに「戦争の予感」にも気づいてほしいんですよ。日本で平和にノホホンと暮らしている中では、震災が起こってそこにボランティアとして入ると、体験としてはこんなにたいへんなんだということがわかります。体験しないと僕は変わらないと思っています。

そうすると今、たとえば東北の震災だったら、「なすび」とか、あるいは「江頭2：50」とかが、実はこっそりボランティアやってたとかという情報が流れるんですよ。

ケン　行ったの？

上杉　名前は出さないでこっそり行った。あとから分かったわけですけれども。それが実は美談になっていて、熊本震災のとき今度はＳＭＡＰの何人かがこっそり入ったんです。僕はそれまで、それは偽善活動で、日本の芸能事務所がタレントの印象をよくしようとしてやっていることだと思っていたんです。でも、そうだとしても彼らが来たということをきっかけにして、若い人たちが入り出しているわけですよ。メディアはそれをまた混乱とか言っているんだけれども、どんどん入っているんです。これはこれでいいことだと思うんです。やはり現場に行くと違いますから。日本の評論家やコメンテーターとかの弱いところは、現場感がないんですよ。ジャーナリストみたいな。

ケン　そういう人たち、現場に行ったことないよね。

上杉　私も含めて、現場に行くジャーナリストはほとんど排除されているから。現場を知る人間はダメで、逆に現場を知らないスタジオコメンテーターの方がチヤホヤされているのが現実です。なにより現場に行くのが大事。

ＳＭＡＰが入った、大好きなＳＭＡＰだからって女の子たちが入る。好きなタレントの女の子が入った、じゃあ俺も行ってみようかな、もしかしたら会えるかもしれない。それでもいいんですよ。そういうわけで現場に行って、ひとつでもなにかを感じて帰るということは、すばらしいことなんですよ。何かは絶対感じて帰ってくるはず。その次の自分の人生において、残念ながら能動的ではないんだけれども、いわゆるミーハー根性かもしれないけれども、動機づけとしては、モチベーションとしては、意外と人間ってそんなもんなんだなと。僕もそうだけれども、若い頃って女の子にもてるのには、こういうかっこいいことやろうかなとかあるじゃないですか。

そういう意味で、結果として現地に行くということが、現場を知るということを肌で感じて、それがこんな悲惨なことは二度と起こしちゃいけないなと気づけばいいんです。さっきの『君の名は。』じゃないですけれども、戦争が起こればこんなレベルじゃないよ、と肌感覚として分かってくれたら変わるのかなと思っているんですね。そういう意味では、ネットでのSNSでの連携とか、マイナス要因に働くという声もあるけれども、うまく転換させれば、プラスに働いて、人と人をつなぐことができるのでは。若い人たちの公の精神というか、公共の福祉とか公益性とかを育むひとつのツールになっていくんだろうと思います。

ケン　きっかけになるんだよね。

上杉　そして経験豊かな僕たちは、それを規制しようとする政府や行政の動きに対して、余計なことをやるなよという注意を払うということが役割なんですね。

第4章 世代をつなぐ

継承することの大切さ

上杉　先ほど、七〇年周期説のことを言いましたが、戦争とか悪いことにしても、社会変革とか良いことにしても、七〇年ごとに起こるというのは、人間の人生のサイクルとほぼ同じです。それはなぜかというと、継承とか伝承とか、口承とかが、うまくできてないからそうなるんだと思うんです。それがシステムとしてうまくできている社会は、安全とか平和という状態が続くんですよ。現在のヨーロッパは比較的うまくいっている社会ですが。アメリカと日本は、継承があまりなくて断絶しちゃうけど。

唐突ですが、僕、ダイヤモンドの取材をしたことがあるんです。デビアスグループが二〇〇三年に、日本に三店、路面店を出すんですよ。銀座と新宿と日本橋だったかな。そのとき文藝春秋で取材をしたんです。ニューヨーク・タイムズ時代からやっていた取材の一環ではあったんですけれど、驚いたのは、デビアスはヨーロッパにだけはコマーシャルを流さないんですね。あの有名な「婚約指輪は給料の三ヶ月」というCMです。なぜかというと、ヨーロッパというのは、ダイヤモンド文化ではなくて宝石のルビーとかサファイヤとかの継承文化なんです。そうした宝石を代々、おばあちゃんから娘、娘から孫に、きっちりと継承しているんですよ。それがヨーロッパの宝石文化なんですよ。だから、デビアスの入り込む余地はないんですよ。

ケン　確かに渡してるな。

上杉　古くても、継承されるということに文化的価値を持ってるんです。これが、ヨーロッパにはデビアスが入っていけなかった理由です。

ダイヤモンドの取材をして感じたのが、ヨーロッパの伝統というのはこういうところにあるんだということでしたよ。それは単に宝石の話にとどまらない、ヨーロッパの文化の根底にある話なんですね。その文化が、戦争に関しても適用されていて、戦争で何度も過ちを犯した、だから、これからは何とかそれを食い止めようとして、家もつくり、そして多様性を認めて、とくにドイツがそうですけど、再び戦争を起こさないと努力しているわけですよ。具体的にはなにかというと、継承と伝承と、歴史を学ぶという政治、社会の姿勢なんですよ。宝石ひとつとっても、文化と考え方が、ヨーロッパと日本ではこんなに違うんだと思います。

ケン 体験してるから、必死なんだよね。

上杉 体験してるという意味では、日本も同じなんですけどね。

ケン 継承ですね、継承が文化なんだね。

上杉 そうですね。だから、ヨーロッパでは、家ごとに、ファミリーごとに、「個」がそれを認識してるんですよ。ところが日本には、それがなくて、核家族とは言われながらも、さらにどんどん断ち切ってしまうじゃないですか。継承を重視していないんです。

ケン それがいまもうなくなってるよね。

上杉 先日、新党改革代表で元国会議員の荒井広幸さんと、夕食をご一緒していて、両国にある慰霊堂を見に行こうということになって、深夜の横網町公園に行ったんです。ここは、関東大震災のときに、あまりにも大勢の人が死んじゃってるところなんです。

ケン　なぜ死んだの。

上杉　みんなここに逃げろ、逃げろ、と言って、安全だからというので逃げたら、火が来てそこで火炎旋風に巻かれて十万人以上が死んじゃったんです。そのうち、子どもが五千人から一万人なんですよ。そして、関東大震災が終わったあとに、これはあまりにもひどいということで慰霊碑を建てるんです。慰霊碑というよりも、子どもたちがあまりにもかわいそうだったんで、子どもたち十人ぐらいの像をつくったんです。そうしたら今度、戦争が始まって、本土決戦が始まろうというときに、各地で起こることですけれども、鉄砲の弾を造るために、そのへんにある鉄材を全て供出するわけですよ。ついにはその慰霊碑までが、対象にされてしまって、こともあろうに、その子どもたちの像を溶かしてつぶしちゃったわけです。鉄砲の弾に変えるために。そうしたら、また不思議なことに、今度は、一九四五年三月十日の東京大空襲のとき、同じこの公園にみんな逃げ込んだら、また子どもたちが同じ五千人ぐらい死んでしまったんです。

ケン　同じ場所でね。

上杉　結局、歴史を忘れると、こういうことになってしまうんです。

ケン　繰り返しちゃう。

上杉　バチが当たったとはいわないけど、子どもたちの命、貴重な命を落とした史実を象徴した祈念碑を壊して溶かして、鉄砲の弾や砲弾にして、戦争に使って、そこでまた同じように亡くなったということで、戦後、新しい慰霊碑をつくるんですよ。

話を戻して、荒井さんと公園に着くと、たくさん若者がいるんですよ。いっぱい、そこに。慰霊碑の上とか横に、ポケモンＧＯに夢中になって、みんな座り込んでるんですよ。真夜中ですよ。そんな光景を見て、日本はまた、大事なことを忘れてしまったんじゃないかな、と思ったわけです。この場所の、この慰霊碑の意味を分かっていない若者たちが、暗闇の中でポケモンＧＯに熱中しているんです。このように継承を大切にしないと「忘却」のあとになにがくるかというと、またくるんですよ、あれが…。

だから「戦争の予感」なんですよ。「戦争の予感」というのは、まさに忘れることが始まりだ、と。忘れちゃいけないんですよ、絶対に。風化とかいうけど、もってのほかです。

自信を持てない国日本

上杉　今、僕はネットで継承のきっかけをつくり出すことができるかなと思っていて、そこにちょっと可能性を感じています。最近はネットでの伝承を意図的にやっているのもあるんですよね。戦争の「予感」を感じている世代からすると、どうにかして伝えたいと今思っているじゃないですか。しかし、伝える方法がない。娘に言ったって、息子に言ったって、仕事が忙しいと。ところが孫になると、なんだか新しい感覚でこんなことやっているから分からないとは言っているけれども、その孫たちとか小さい子どもたちは、実はそういうことを、結構吸収しやすいわけですよね。

今、この部分にチャンスを見出せるのではないかと思っています。二つの離れた世代がつながれば、真ん中を抜くことになるけれども、それでもつながれば継承としてはいいですよね。それもケンさんがおっしゃっていた、戦争を知っている世代の人間と、まったく聞いたことすらもないような世代とがつながると、ネットは媒体として価値がたいへん高くなるわけです。

ケン　今の四〇代ぐらいかな、あいだの人たちはどういう生活をしたかというと、彼らは社会に出たときがバブルのピークだったんですよ。だから今までは若いとき貧しくて、だんだん上に昇っていくでしょ。初めて社会に出たときから、下がったんですよ。だから彼らは、自分が二〇代のときにバブルのピークがあって、それが普通だと、頭の中では思っているんですよ。、個人的に話していると、すごくおもしろいんですよ。

要するに、それを戻すのに必死なんですね。当時は日本が世界一だとか、お金がいくらもあったとか、すべてがここから出発している国会議員がいて、びっくりしますよ、四〇代は、中国と戦争したら勝てると言う。「なにバカなこと言ってんだよ」と言ったら、平気で「日本の技術のほうがすぐれている」と言うんだから、びっくりします。

上杉　困ったもんですね。

ケン　いくらすぐれてても、「相手は十倍ですよ」と言ったら、「関係ないです」と。そこから先が恐いんですよ。なんとなく日本には神様みたいなのがついているようなところに最終的にいってしまうんですよ。バブル体験というのはどうしようもないです。人間誰しも、いろんな背景の基本にあるのは、ごく個人的な体験なんですよ。

　戦争を忘れたところ、バブルのピークで日本が世界で一番だった体験をして大人になった人間が、毎年、毎年、下がっていくことに対するへんな感情が、このギャップ世代で。

上杉　そうですね。

　この前、都知事選で戦って五位になった桜井誠さんも、彼なんかは、日本はすごいんだ、と言っていますよね。僕たちの世代で、高校時代にバブル期も経験している人間からすると、「日本がすごい」なんて言葉をメディアから聞いたことないんですよ。なぜかというと本当に日本はすごかったからです。それこそ、バブル経済で、ニューヨークのロックフェラーセンターも買う、カルフォルニアのペブルビーチも買うとか、それがいいか悪いかは別として、日本は本当に力を持っていました。で、当時、誰一人、日本の言論人から日本すごいだろなんて聞かないわけですよ。本当にすごい人はすごいって言わないわけですよね。

今、なにもかも「日本はすごい」、「日本は素晴らしい」、「日本は特別だ」とやっているじゃないですか。これは、戦前と同じではないですか。力がなくなって自信をなくした国ほど、「自分はすごい、すごい」と繰り返す。すごくないから、わざわざ「すごい、すごい」と連発しなければならないんです。

ケン 自分から言い出すんだ。

上杉 自分で言うんです。要するに、誰も言ってくれないんで。

ケン おもしろいね。

上杉 日本の最近の報道が、まさに七〇年周期じゃないですけれども、日本が「すごい、すごい」とばかり言っているじゃないですか。素晴らしい日本とか、すごいぞ日本っていう。

ケン 美しい日本とかも。

上杉　そうか、安倍首相の本のタイトルですよね。自信がない国がやるパターンですよね。まわりが言ってくれて、自分では何も言わない、それが本物ですよ。自分が自分でがすごいというのは、それだけ自信がないからですよ。

中間世代が困ったものだ

上杉　社会や経済の動きの一番の鍵を握る世代は、五〇代から六〇代の中間の世代ですよね。団塊の世代や、「安保」を多少知っているというちょうど安倍首相くらいまでの世代です。

僕は四〇代後半の世代になりますが、戦争を知らない世代で豊かだったんだけれども、たとえば、いわゆる学生運動とかはダサいと思う世代ですよね。要するに、行動することがダサい世代で。うまく生きることが格好いいんだというシラケ世代の走り。

つまり、嘘をついてても、適当なことをやってても、うまく生きるやつが格好よくて、青臭いことを言っているやつは格好悪いという世代なんです。だからみんなどんどん拝金主義になっちゃって。汗をかかないで、うまくやって、いい思いをするのが成功だと。人から評価されずに、損なことをやって社会を変えようという、そういうダサいやつは僕の世代っていうのは、いわゆる存在としてはあまり評価されないわけです、こういう世代は。これがまず前提ですよね。

ところが、この世代は正直いって、もう変えようと思っても無理なんです。変わりようがないんで…。だから、この世代を変えようと思っていたこの十年間、いろいろやってきましたけれども、それは無理だったんで、僕は最近、二〇代と三〇代前半にアプローチしてるんですよ。

ケン　挟み込み戦術。

上杉　はい。それはなにかというと、デジタルネイティブであるこの世代は、テレビとか新聞というマスメディアを見ない世代なんですよ。これは意図的に見ないんじゃなくて、最初から見てないです。

ケン　新聞だけかと思ったら、新聞にかぎったことないかもね。
上杉　ネットニュースは見ていても、新聞を開いている人は電車にはいないですよね、今どき、一人も。あとテレビも実は見ている人は少ないんです。テレビは影響力あると言われているけれども、本当にあまり見られていない。
ケン　ポスト新聞だ。
上杉　ポスト新聞と、ポストテレビの時代がすでに始まっているんです。二五歳以下ぐらいになると、テレビを見てないどころか、テレビそのものが家にないんですよ。なぜかというと、「これで全部見れるじゃないですか」とスマホをみせるわけです。要するに、もう頭から、テレビだったら持って歩けないじゃないですか。テレビだったら持って歩けな在がないんです。この世代が世の中に出てくると、自然にマスメディアが淘汰されると思います。

　この傾向は、世界的なものです。今回のトランプ現象の中に、ＳＮＳを駆使する若い世代がたくさんいたじゃないですか。普通の若者たちですよ。ヒラリーのところに応援に行っている人たちは、実はそれが分かっていなかった三〇代とか四〇代なんですよ。レディー・ガガがよい例で。もっと若い世代、高校生なんかは、みんなトランプのところに来ていました。これは、二〇〇八年のオバマのときもそうですけれども、より若い世代は新しい動きに敏感なんだと思います。だから市民運動だと言えるわけです。これはバーニーでも同じですよね。たぶんバーニー・サンダースが大統領本選に進んでいても多分同じだったと思いますよ。層が一緒なんですよ。

日本は、メディアが未熟なんで取材もできていないけど、トランプの支持層はネトウヨじゃないですよね。ネトウヨがそんないたら、国がおかしくなっちゃう。要するに、若い世代のデジタルネイティブたちが、トランプとかバーニーの支持なんですよ。ケンさんが言ったように、もう右とか左とかじゃないんですよね。基本的にはアンチ・ヒラリー・クリントン＝エスタブリッシュメント＝マスメディア＝メインストリーム・メディアなんです。いわゆるこれまで好き勝手やってきたくせに、汗もかかないでおいしい思いをしていたやつに対するアンチテーゼの層が強大になっちゃったんです。

だからトランプ現象も、イギリスもそうだけれども、いろんなマスメディアが評論しますよね、こうだ…、ああだ…と解説する。でもその解説というのは、実はひじょうに小さいうつわのなかでの解説であって、自分たちの狭い知識の中で判断しているだけだとバレてしまったんです。
ふたを開けてみると、結果は新しい世代は反エリート層に流れてしまった。彼らがエリートの好む狭い常識の中に閉じこもって、四〇代、五〇代の人たちだけで、時代遅れのことをやっているだけ。それがバレてしまったのが、中間世代なんです。
ケン　もうダメ、その世代。あきらめたほうがいい。
上杉　あきらめています。あきらめたほうが早いです。そこをひっくり返すエネルギーよりも、もっと新しい世代に目を向けて、彼らに期待したほうがずっといいですよ。

世代が結びつく

ケン　僕の大学のクラスのテーマは、市民社会なんです。クラスのテーマはボランティア精神で、自分で考えて、自分で行動を起こして、自分で責任を取るということを学ぶようにしています。今日はトランプの映像を見ながら、みんなで議論したんですね。大統領選の選択というのは、大きく二つの選択だったんです。ヒラリー側は、私を入れれば、これから先は国があなたの面倒を見てあげるというひとつの思想と、もうひとつの思想、僕を入れれば、保障はしない、だがチャンスを与える、これからすべての保障、ギャランティはなくなるけれども、あなたが自分の可能性をベストで生かせるようなステージをつくってあげるという、二つの社会の見方の選択だったんです。

それに対して、今までは、安心してちゃんと言われたとおりにすれば、毎月生活保護も含んでいろんな援助がくるんだという見方と、保障はできないけれども、お前は自分の可能性を信じて挑戦しろという見方の二つです。

実は、今の大学で教えるきっかけがまたおもしろいんですけれども、ある日ある人から、「肩書をつくれ」と言われたんです。「肩書きってどうすればいいんですか」と聞くと、「大学教授が一番いいから、なんとかならないか」と冗談半分で言われたんですね。大学教授なんかなれるわけがないからどうしたものかと考えているとき、たまたま友だちにそのことをチラッと言ったんですよ。そうしたら突然電話がかかってきて、「来週会えないか」と言われて。会いにいったら、なんと、千葉大学の学長さんとその友だちが座っているんですよ。僕もびっくりしちゃって。そうしたら、その学長が、おもしろい話をしてくれたんです。

学長は、学生運動で捕まった人だったんです。学生運動で捕まった人が、後々その大学の学長になったんですと言っていました。そして「ケン、うちの大学で教えたいの？　単なる名刺がほしいの？」と僕に言いました。これが、六〇年安保、七〇年安保の世代の人たちの世界観なんですよ。すごく気楽で、やさしいというか。絶えず社会をよくしようとするこの気持ちは、半世紀経っても変わってないんですね。僕は「学長さん、別に僕は肩書きだけもらえばいいんですよ」と、冗談で言ってみました。そうしたらこう言ったんですよ。「じゃあ、うちの大学で、一回講演してみてください。講演がよかったら呼んであげるよ」と。僕は「えー、嘘でしょ」と言いましたけれども、そのあとそのとおり一回講演したんですよ。おもしろかったかどうかはわからないけれども。

そうしたら、もう一七年になりますけれども、毎年、クラスを教えているんですね。大事なんですよ。この学長が、毎年僕のクラスに来て、生徒たちに一回教えるんですよ。私はこの学校で学生運動でデモをして捕まって、警察に連行されて。でも私みたいなものでも、こうやってこの大学の学長になれたんだよ。だから君たちは、自分の夢をしっかり持って、そしてなんとかなるんだよって。毎回クラス全体が「ふーん」となる。

要するにポイントは、上杉さんが言ったように、六〇年、七〇年安保世代と、若者のリンクを、まさに僕も肌で感じたね、自分のクラスの背景には。そうしたらどういうクラスにしたいかと言われて、じゃあ市民社会というテーマおもしろいかなと思って、自らクラスのデザインとか全部つくることできたんですね。だから日本型の流れがどういうふうになるかといわれれば、六〇年、七〇年安保の人たちが、今の四〇代、五〇代を乗り越えて、若者と通じて、この子たちがネットを舞台にして、本来の反体制とかについて話し合えれば、これはすごく大事だと思うんですよ。

みんな学生たちが言ってましたけれども、実は経済を一番よく分かってるのは学者とか専門家じゃなくて、毎月小さな給料でやりくりしているお母さんなんですよ。これから先の、景気がいいか悪いか、誰が分かっているのかというと、タクシーの運転手さんなんですよ。普通の一般市民が一番現場に近いから、物事分かっているんですね。ところがエリート体制になってくると、私たちがあんたたちのことをよく分かっているという思想のところに落ちていくんですね。そうじゃなくて、一般の市民社会の市場原理が働いて、これはうまくいくものなんですよ。市場の原理が、いいアイデア、悪いアイデアをぶつけながら、よい知恵が出てくるものなんですよ。

誰を信用するか、これから先、どういうふうに国を動かせばいいのか、政治はなにがいいのか、経済計画はなにがいいのかって、誰が一番よく分かってるのかと言うと、普通の農家のおじさん、サラリーマンのおじさん、タクシーの運転手さん、少ない給料でやりくりしている奥さんなのか、それともいい大学から出た経済専門家なのか、その二つに一つなんですね。ヒラリーさんはこっち側（後者）なんですよ。だから僕らが賭けているのは、実は一般市民のほうが一番かしこいんだ、彼らに任せて、そして市場の原理が働いて、そうすると知恵がわき出してくるんだという考えのほうなんですよ。

トランプがなにを言っていたかというと、僕は単なる声なきみなさんの声を出すことしかないですということなんです。僕の意見はないです、どうか皆さん、声出してください。その声を僕が届けてあげましょうということなんです。だから、日本型ブレグジットになったときになにが起こるかというと、普通の人の声が、なにも知らないといわれている普通のお母さんの声が届くわけです。バイトしながらがんばっている若者の声が届くわけです。

いろんな異なる考えの中から、左でもない、右でもない、市民がもう一回、自分のところに権力を取り戻して、そして社会がいい方向に進んでいくという、たいへん分かりやすいテーマだと思うんです。専門家じゃなくて、タクシーの運転手さんのほうがはるかに東大の博士より経済が分かっているという見方で、原点に戻っていくというのがポイントですよ。

戦争だけは絶対にダメという認識を

上杉　僕は、団塊の世代論の部分に関しては若干異論があるんで、おもしろいから言うんですけれども、団塊はちょうど今六〇代の後半ぐらいですよね、そこから五〇代の団塊の学生運動に一時かかわった世代に対しては、ものすごく不信感に近いものを持っています。日本においてここの世代は、僕はまったく信じてないんですよ。

バーニー・サンダースなんかはシカゴ大学で暴動事件で逮捕されて、それ以降、スタイルや考えを変えてないわけですよね。変えないままでずっときていて、時代が下がって一気に新しい世代の支持を受けたんですよ。オキュパイ・ウォール・ストリートの層も含めて。バーニーはスタンスをまったく変えてないんですよ。社会でうまく生きれば、彼もいいところまでいったかもしれないと思います。でも、それは変えなかったんです。

ところが、日本では、団塊の世代は、就職だからといって、髪の毛をきちんと切って、スーツ姿になったんですよ。

ケン　妥協したんだ。

上杉　サンダースは、そういうことはやらなかったんです。しかし日本では団塊の世代、みんなそれやったわけですよ。そうするとそれを見ている僕たちの世代つまり四〇代、三〇代の後半とかは、「うまくやるということはああいうことなんだな」と見えるわけですよ。ほんとうは、彼らの若い頃のことを「すげえじゃん」と思っているんだけれども、転向した人間がうまくやっている現実を知ってしまっているわけです。一方で団塊とかの、そのまま突っ走った人間、どうですか。日本赤軍の重信房子さんはちょっと上ですけれども、要するに、結局この社会からは追放されてしまって、ボロクソですよね。でも、海外では、彼女の評価違うんですよ。僕に日本の学生運動の人たちに対する信用度というのは、ほとんどゼロだし、卑怯だなというふうに思っているんです。実はその人たちが今メディアのトップを牛耳っているんです。企業も政治もそうです。だから彼らは、都合のいいことだけをするご都合主義を悪いとも思っていない。いつも自分たちのことばかり考えているんです。若い人たちは、そこに冷めた目を持っているわけです。

ところが、その上の少なくとも七〇歳から上、特に後期高齢者以上は戦争の記憶がありますから、そうじゃないんです。それ以上の人たちというのは、あの戦争の悲惨さを見ているわけですよ。うちの母もそうですけれども、八〇歳で。なにがあろうと、右とか左ではなくて、そんなこと関係ない、戦争だけはダメなんだという一点の信念だけは、見事に一致しているんです。

ケン　そこだけは違いがないんだね。

上杉　トランプでも変わらない。絶対戦争だけはダメなの。これがみんなの共通認識なんです。永六輔さんもそうですよね。もう右でも左でも関係ない、最後はどうでもいいんですよ。極端な話、憲法うんぬん、これも最後はどうでもいい。その代わり戦争だけは絶対ダメ。これ、戦後日本の共通認識のはずなんだけれども、その下の人たちは自分たちを守るためだったら、いくらでも転向するわけです。つまり戦争もやりかねない。

そこで、先に言った七〇年周期説にいくんですけれども、やはり七〇代以上の人たち生きているからこそ、平和を守るギリギリのチャンスなんですよ。

ケン　そうだね、これがなくなったらおしまいだね。

あいだの世代にしっかりしてほしい

上杉　戦争を体験している世代が、世代間の伝承、伝達、継承で、彼らの子どもたちの世代、つまり五〇代とかそのあたりの世代に言ったところで意味ないんです。彼らも、また僕たちの世代もそうですけれども、うまくやっている団塊の世代を見ているから、最後はあぶないんです。一方で、そうしたずるい世代じゃない七〇代以上と二〇代が中抜きでネットなどで結ばれることが最後のチャンスじゃないかなと思っているんですよね。結局、彼らは、団塊の世代も含めて、なんだかんだ口でえらそうに言いながら、日本の社会をこんなに弱体化させてしまったわけですから。しかも多様性をつぶして一元化してしまって独裁も呼びこもうとまでしている。

ケン　団塊の世代が転向した原因はなに。

上杉　みんなが転向したからじゃないですか。結局、あのときの情熱や姿勢というのはどうなったんだということですよ。本物じゃなかったということですかね。本物じゃないですよね。もちろん、やはり人間の意志というものは必ずしも継続しないと思っているので、それは人間としては別にいいと思うんですよ。

ケン　正しい。

上杉　ただ、転向したんだったら転向したと、まずはっきり言うべきなんですよ。自分たちの考え方や、自分たちがやってきたことを検証しないで転向するから困るんですよ、それもこっそり、スネークというか。

これは、日本のメディアもそうですよね。アメリカだと違います。最初はトランプ大統領誕生を見誤ったアメリカのメディアは失敗したのかと思いましたが、でもその翌日の検証報道を見て、まだ救いがあるなと思ったんです。一方で日本ではまったくないんです。もう世界で唯一、自己検証しないメディア。しかも検証しないどころか、自分のミスをアメリカのせいにしたんですよ。

ケン　アメリカがバカな選択って。

上杉　これはアメリカ国民に対しての侮辱ですよね。だって投票で半分近くは入れているわけですから。また日本のメディアは、「アメリカのメディアはなぜ間違えたのか」、「ニューヨーク・タイムズがなぜ間違ったんでしょうね」とやっているんですよ。「あなたたちも間違えたんだよ」と言いたいですね。謙虚さを失っている世代に対して信用はありません。でも、そういう人たちはなにするかと言うと、自分たちの間違いを認めない、どんな間違いを犯しても、自分たちはいつも正しいと言うんです、こうなると、戦争に向かったって止められないんですよ。

ケン　恐ろしいね。

上杉　一番恐い世代というのは、実は安倍首相も含めて、今の政権とか今の日本の社会的地位の高い人たちのいる世代なんです。この人たちを見ている少し下の世代も影響され、これでいいんだと思ってしまっているというのも恐いです。その下のほうの世代にまだ可能性があるのは、多様性のある言論空間を少しは知っているんで、ここは運よくネットとテレビと利用メディアの違いで断絶されているんですよ。その断絶をうまく利用してやっていくのが、僕たちにとって最大のチャンスかなと思っています。

第5章 若い世代に告ぐ

若者は失敗せよ

上杉　若い人に言いたいのは、行動して失敗した後悔と、行動しないで失敗する後悔だったら、絶対的に前者のほうがいいということですね。

ケン　今回の大統領選取材も、行く行かないで、相当悩んだもんね。悩んだ末に、行くことに決めた。

上杉　それですよ。日本の社会で今一番問題は、行動しないことによって失敗を避けられたというふうに信じている人が多いと思うんですけれども、それって長い目で見れば失敗なんですよ。でも若い人たちに言いたいのは、悩んだら、とにかくチャレンジしろということ。チャレンジして失敗したときのほうが三〇年、五〇年後に、何もしなかったとして悔やむより、失敗の後悔の度合いが低い。

ケン　「あのとき、しとけばよかった」と言って。

上杉　同じ失敗したんだったら、それはやってよかったとなります。受験もそうなんですけれども、人生においていろんなことがこれから起きてくるんだから何でもチャレンジしてしまえということに尽きる。大抵は死にはしませんから。

その昔、僕は文学少年だったので、というよりも家が勉強禁止だったんで、父に「勉強なんて学校でするもんだ」と言われて、しかし反抗期だから、反発してあえて勉強するわけですよ。岩波文庫とかほとんど読みました。その一冊に、スタンダールの『赤と黒』の若き主人公ジュリアン・ソレルが、庭先でレナール夫人の手を握るかどうかで、悩むわけですね。それで、ジュリアン・ソレルは、悩んで悩んで、家庭教師先の奥さんですから不倫ですよね、その彼女の手を握ることができたら、自分はこれから将来もあるということに設定して、しかし、もし握られないほど根性がないんだったら、このまま走っていって、その自宅の家の二階に行ってピストルで頭を打ち抜いて死ぬと、二者択一を決め込むんです。

要するに、恋愛ですらチャレンジして、こういうふうに命をかける。これこそが若い者の特権だと思うんです。でもそれは、やらないほうが後悔するんだということを言いたいわけです。先日講演した河合塾では、僕はスタンダールのその本を中一のときに読んで、初めて映画館にデートに誘ったんです、と話しました。一三歳でした。告白するかどうか悩んだんだけれども、ジュリアン・ソレルにならって、告白するんです。悩んだのは、告白して振られちゃったら、これから一年間同じクラスで恥ずかしいなと思うんだけれども、でも、もし告白しないで将来、同窓会とかで会って、「あのころ上杉くんのこと好きだったんだ」と言われたら、その後悔のほうが大きいからと思い直したんです。撃沈する覚悟で挑むんですよ。後悔しないためにも。うまくいったんですけれどもね。

僕の恋愛の話なんかどうでもよいとしても、要は、それはなにかというと、この世の中に生きている、現在の自分のみが自分なんだということです。過去も未来も、もちろん自分なんだけれども、今、自由に自分を動かせるのは今だけ、すべてのチャンスは今にあるんだから、今できることはなんでもやれと思うわけです。こういうことを高校生の前で話したんです。これがなぜ「戦争の予感」につながるかというと、今の日本の知識人とかメディアは、やらないことが、つまり失敗しないことが美徳とされていますよね。これはおかしいです。

失敗を恐れない社会に

上杉　とにかく失敗してみないとなにもわからないんだと思うんです。「絶対ダメだ、こんなこと」と思うようなことでも、やってみないとわからないじゃないですか。

わたしの経営するノーボーダーは五年前につくった会社で、オプエドは二年半前からです。わが社には唯一の社是があるんです。うちのスタッフ全員に、入ってきたときに最初面接して言うのは、「うちでやってもらいたいことがひとつあります。一カ月に九回失敗してください」ということです。「九回失敗しなさい。それが条件です」と。「失敗してもいい」じゃなくて「九回失敗しなさい」と言うわけです。なぜかというと、これも日本人だから言うんですよね。九回失敗するということは、少なくとも一ヶ月は三〇日ですから、九回ということは三日に一回、失敗しなきゃいけないんです。でも失敗するにはなにするかというと、なにか行動しなくちゃいけないんですよ。なにかしないと失敗もしない。そうすると常になにかしてないと、失敗すらできないわけです。九回失敗しなくてはいけないということは、少なくとも九回チャレンジしないといけないわけです。しかも、「失敗していいよ」ではないですからね。「失敗していいよ」だったらしない。「失敗しろ」と言うんです。これは義務なんです。

そうするとなにが起こるかというと、みんななにかにチャレンジし出すんです。一生懸命。インターンの学生とかも。これが海外との違いというのは、チャレンジすることを忘れた若者たち、人たちって、なにか起こったときに、あっ、もうしようがない、僕の力じゃなにもできない。だから戦争のほうに向かったときも、自分なんかは大したことないからということになってあきらめてしまうんですよ。でもチャレンジぐせがついていると、自分たちが好きなことやっていると、なにか起こったときに、「いや、違うんだ」という覚悟と勢いが出てきます。

失敗は多様性を生む

上杉　もうひとつは、いつもなにかやっていると、勝手に「多様性」が生まれてくるんです。社会ってそういうものなんですよ。いつもみんなバラバラに好きなことやってろとなると、そこに「多様性」が生まれるんです。それは、「でも、目標があって、目標のためにやったらどうなんですか」というように河合塾で質問されたんです。「目標？」「大学受験？」「就職？」、「あのね、目標とか夢とかゴールというのは、社会がつくるものでもないし、誰かに規定されるものじゃないよ」と言ったんです。最難関の東大理Ⅲ合格が成功だと、大学は早稲田大学政経に受かることが成功だと思っていると、永遠に本当の目標にたどりつかない。「なにをやりたいかということが成功の尺度で、勝手に人が、親が決めたことが、社会が決めたことが成功でもなんでもないんだよ」と言いました。日本ではそういう目標設定にするから、東大の理Ⅲだったら受かった数十人だけが成功者で、ほとんどの人が失敗者になってしまうんです。でも、自分で目標を決めてみればもっと成功者は増える。

たとえば今日、あの女の子をデートに誘う。成功する人もいれば失敗する人もいるかもしれないけれども、少なくともライバルは百人も千人もいるわけではないんだから、とか、あと今日のご飯はこういうの自分でつくってみるとか。こういうゴールだってなんだっていいんだと。夢だっていいんだと。自分がいくつも夢を立てれば、そこに向かってそれをゴールにしたらいいと。しかも自分だけで考えて頭を使って設定したゴールほどいいものはないと思いますよ。

ケン　後悔のない人生だね。

上杉　誰もやったことないことは難しいというんだけれども、誰もやったことないんだったからライバルはいないんだから。成功するかしないかだけでしょ。でも、「その成功の秘訣はなんですか」と聞かれたんですよ。僕はいろんな夢を持った、と。野球選手になりたいとか、ゴルファーになりたいとか、ジョージア州アトランタ近くのマスターズに行きたいとか。それからジャーナリストになりたいとか。ほとんどかなえてきている。なぜかというと、自分で勝手に立てている夢だから。
「でも失敗もありますよね」とも聞かれました。「なにが？」。たとえば、「都知事選落ちたじゃないですか」と。「僕、あれは失敗だとは思ってないよ」と。「なぜですか」、「だって、まだあきらめてないから」と。人間は自分があきらめるまでは、失敗じゃないんです。

ケン　だってニューヨークに行って、ノーボーダーの名前でトランプタワーの中に入るんだから、それはすごいよ。

上杉　それはケンさんのおかげです。失敗とか成功とは人が決めるものではない、自分が決めればいいことなんです。大学受験に失敗したと思ったら、別に今行かなくていいじゃないかと思えばよい。将来の成功というのはもっと別のところにあるんだったら、そこじゃなくて、いろんな目標をまた立てればいいんだと思います。

そうすると、どうなるかというと、ひとつの物事に失敗したから自殺するとか、そんなことはなくなるわけです。だってこの世の中は多様だし、世界も広いんだし、楽しいことはいっぱいあるんだし…。いろんなことをやっていればいいんだから。それが「多様性」ということなんですよ。

若者よ、大志をいだけ

ケン もうひとつのクラスのテーマが、春のクラスなんですけれども、「就職あきらめろ！」というクラスなんです。すごくおもしろいんですよ。今の子たちというのは、とにかく就職しなきゃって一点張りなんだよね。

そこで、いろんなことを言うんです。一つ目が、「一番好きなことを仕事にしなさい」。二つ目は「名刺集めろ」とか。とにかくいくつか言うんだけれども、オープニングとして、クラスのみんなに聞くんですよ。「なにが一番好きなのか」と。ワタナベくんが、バイクが好きだっていうんですね。一番自分のやりたいこと、好きなのバイクなの。そうなると、みんなで考えるんですよ。「ワタナベくんが大好きなバイクをいじくりながら、生活できる方法はないか」と言って、みんなで考えるんです。そうしたら、いろんなことが出てくるんですね。ハーレーのサイトやるとか、自分でバイクの雑誌をつくるとか。そうすると、みんなの顔色を僕はじっと見ているんですよ。就職しか頭に入ってなかったのが、これから先、一生、なにも好きじゃない会社に毎日出ていってなんてどうなんだよということを、みんな初めて思いはじめるんですよ。

次、「マリちゃん、なにが一番好きですか」、私は旅行が好きだって。さすがにクラスの中で、旅行しながら生活できるなんてそんなアホなこと、そうしたらいろんなアイデアが出てくる。旅行雑誌のライターやったりとか、旅行のサイトやったりとか。そうしたら、クラスの中で一番自分の好きなことをしながら生きていこうというテーマに初めて気がついて、学生たちの顔が生き生きと見えてくるんですよ。クラスは最後になったらこうやって、みんな納得して、目の前から三十数年間のサラリーマン生活が一気に消えてしまうんです。

毎回クラスの中で、海外で成功している日本の若者をスカイプでクラスに呼ぶんですよ。今回は、国連に入った日本の若者。クラスが中途半端で聞いているんですけれども、必ず出てくる質問が「あなた給料いくらもらってんですか」って。いくらだと思う？　経費全部別に、七〇万もらっているんですよ。全部貯金ですよ。一気にクラスが興味持つようになるんですね。

昨日、帰る前ニューヨークである知人の女性に会ったんですけれども、彼女がまさに僕のクラスのいつもテーマにするところの、自分で考えて自分で行動起こして自分で責任を取るという典型的な人物なんですよ。なにも知らない中で、ひとりでニューヨーク行っちゃったんですよ。今は五番街にビルごと持っているんです。なぜかというと、彼女、昨日言っていたんです、みんなの前で。自分が寒い中で今月の家賃もない自分を思い出すと言うのね。寂しい五番街を歩いて、このあたりすごいなと思っていたのが、二〇年経って、自分がその住人に入ったんですね。日本に残って夢を捨てていれば、どこかの会社の秘書になって、そろそろ年金もらえるか、もらえないかという時期に、今度は自分で飛び出して行っちゃったんですね。だから海外で活躍している若者もたくさんいますから、これって、みんな自分が主人公になってるよ。

上杉　一人ひとりが主人公になることのできる社会こそ本物の社会だと。これがまさにそうなんですよね。
　今、ケンさんの話で僕が思ったのは、今回ニューヨーク・タイムズの元同僚にも何人か会ったんです。当時、僕が働いているときに知っている人間は三〇人ほどいたんですよ。そのうちの一〇人と少ししか残ってないんです。タイムズの本社に行って会えたのは二人ぐらいなんですけれども、その一〇人ぐらいのほうは連絡がきて、「隆、来ているのか、ニューヨークに？」と質問されるわけです。八年ぶりに行ったんですけれども、本当にバラバラですよ、みんな。バラバラに、今けんかして仲悪い人たちもいるから、みんなそれぞれが。

ケン　当時一緒だった人ね。

上杉　うん。ロイターに行っている人間もいるし、ブルームバーグに行っている人間もいるし、あるいはフォード財団とか国連で働いている人間もいるし、教師になっちゃった人もいるしそれぞれなんです。その彼らが別々に「なんで来ているんだ」と言うから、今回、実はノーボーダーという会社をつくったんだが、自分はその仲間たちと一緒にチームを組んで、大統領選の取材のためにニューヨークに来たんだ、と言ったら、みんながよかったなと言ってくれたんです。さらにもうひとつ、「それは素晴らしい」と、「きみを誇りに思うよ」と言ってくれた。これ、全員言うんですよ。「誇りに思う」と。電話で話した人もみんな。

二〇〇二年に僕がニューヨーク・タイムズをやめたときに、同僚たちが言ったのは、君はこれから何をしたいんだということでした。僕が正直に日本のメディアを変えたいし、フリーランスとしてチャレンジしたいと言ったら、ニューヨーク・タイムズの人たちは異口同音に、「それは素晴らしいことだ」と口を揃えるんです。米国ではフリーランスとして自分の名前で独立するということが、それは多くの記者たちの夢なんだと言って、「がんばれ」と応援してくれるんです。そして会社をつくるんだと、メディアをつくりたい、いつかは、と告白すると、やはり評価してくれるんですよ。それを知っているから、みんな「お前、夢がかなったんだな」と言って、しかもそれを実現させたということで、「誇りに思う」と言ってくれるわけです。「自分のことよりうれしい」とみんな言ってくれたんです。

一方で、日本のメディアの人からはどうなのかというと、これがまったく正反対なんです。そこにもお世話になった人がいっぱいいるんですけれど。ニューヨーク・タイムズをやめたとき、なんて言われたかというと、「そんな、もったいない」と言われました。ニューヨーク・タイムズをやめてもったいない、と言うんですよ。その後はみんな去っていった。

そして、今回のトランプ取材のことでも、誰一人、ノーボーダーを立ち上げて「よかったね」なんて言わないんですよ。そんなインターネットのインチキメディアなんてと陰口を叩いているわけですよ。メディアとして成熟している「ニューズ・オプエド」を見ていても、今度は無視するわけですよ。「誇りに思う」なんて誰ひとり言わないですよ。

ケン　寂しいね。

就職にも多様性を

上杉　海外の若者と、日本の若者とで、会社を選ぶときなにが違うのかといったら、日本のメディア業界もそうですけれども、日本では、就職じゃなくて就社なんですよ。つまり会社に入るために、大学に入るためにやるんです。それはおかしいですよね。若者の夢って大学に入ることじゃないでしょ、なにを学びたいかだったら、学科によって大学の種類はいっぱいあるんだから、そこに向かいなさい、そうすると偏差値も大学名など関係なくなる、とアドバイスできると思うんですよ。

さっき言ったように、「東大の理Ⅲって医学部だよ。みんなほんとうにお医者さんになりたいの？」ってことですよ。受験生に「東大にほんとうに入りたいの？」、と聞いたら、「とりあえず入りたい」と言うんです。「ほんとうに法律家になりたいの？」と言っても同じ答え、「とりあえず」と。「だったら東大じゃなくていいでしょ」と言うんだけれども。

ケン　なに考えて勉強してんのかな。

上杉　就職もそう。メディア志望で、朝日新聞に入りたい、ＮＨＫに入りたいというんで、「なんで？」と聞いたら、「とりあえず入りたい」と言うわけです。「記者になりたいの？」、「記者にはあんまりなりたくないけれども」、「だったら、どうしてそうなの？」ということになってしまう。

ケン　だから、サラリーマン・ジャーナリストが生まれてくるんだよ。

上杉　就社という考えからみれば、学校も会社も日本では権威なんですよ。いわゆる権威とか、そういうように、大きいところに巻かれたほうが格好いいんです。

ケン　だからジャーナリストとしてジャーナリズムに入ったんじゃなくて、就職として入っているからダメなんだよ。

上杉　まさにサラリーマンです。でも、小さい会社に入れば可能性は広がる。一人ひとりが主人公になれるかもしれないし。

ケン　小回りが利くしね。

上杉　一人ひとりの夢がかなう。だから一〇〇個あったら一〇〇個かなえる可能性がある。でも、そうじゃなかったら、かなわない。これがやはり「多様性」だし。こういうふうにいろんな夢を持つと社会は健全な方に向かう。僕は戦争を起こさないために、単純に、多様な社会を生めば、歯止めになると言ってきたのも同じ理由です。もうひとつはそうした多様な社会をつくるのはメディアの役割ですが、逆に妨げるのもメディアだなというのは、世界中、取材に行ってよくわかりました。

ケン　そもそも入り口の問題だね。ジャーナリズムスクールに行ったりとか、子どものときから新聞記者になりたかったりというのではなくて、就職でしか入ってないから燃えてないということだね。

上杉　そうした人材の偏りを直すには、マスコミの入社資格を大学卒は一切採らないということにしたらいいんですよ。実際河合塾でそう言ったんです。どんな反応だったかと言うと、みんな笑ってましたけれども。笑っていると、やはりそれが、あとでＳＮＳで上がっているんですけれども、上杉隆はインチキだと言われて来てみたけど、全然インチキじゃないし、おもしろかったとか、そういう声もあるし、あるいはもともとのファンもいるし。つまり、これも僕のひとつの意見だよ、と。僕は絶対正しいなんて言ったことないんで。ひとつの意見なんで、みんなが正しいと思うことをそれぞれ見つけてきな、と伝えたかったんです。

ケン　今回、アメリカに行く一時間前になって、向こうから連絡が来て、急に状況が変わっちゃってもしかしたら会えないかもしれないと言われたんです。急に厳しくなっちゃったんで、もしかしたらせっかく来てもうまくいかない、と。それを上杉さんに言ったんですよ。そうしたら、「いいのよ、うまくいかなくても。行こう」。そこで、上杉さんはすごいなと思ったのは、普通だったら「いや、困ります」でしょ。企業に属していたら上から行くなとなるだろうし。

上杉　企業に属していたとしても、僕のやることは同じです。会社としてどうしてもダメだというなら、休みを取って自腹で行きます。実際そうしてきました。今回だって、大統領選取材となれば、行くに当たっては、予算がすごくかかるわけですよ。だけれどもその決断は、失敗というのはあってもまたおもしろいし、失敗から学ぶことはたくさんあるわけですよ、みんなと行くことによって。

ケン　だから、今回は目的からいえば失敗しました。トランプにインタビュー取りたかったんですよ。その代わり、みんなと仲良くなって、逆に思った以上のことが生まれたというのは、僕らもそんな年いっているといえばいっているし、いってないといえばいってないけれども、人生振り返ってみて、一番うまくいったのは失敗のあとだね。うまくいったときは、なんかあんまりだね。失敗、僕は入院して、最悪だと思ったのは、へんな話だけれども入院してよかったとかね。あのとき落ちたのがよかったとか。だから人生の失敗が、そんなひどいことじゃなくて、すごくよいことに転じるんだよね。

失敗が認められる社会に

上杉　失敗を隠したり、失敗がないことになったりする社会って、恐いですよね。全体主義になってしまいますよ。日本の今の恐さは、失敗が許されないということですよ。失敗すると一発で終わり。この恐怖感がどうなるかというと、口をどんどんつぐんで、誰もしゃべらなくなる。そうすると余計なこと言うと、たとえば安倍政権の批判したら、テレビから降ろされる、僕みたいに。だから、なにも言わないでおこうと、思ったこともできるだけ口に出さないでおこうということになってしまうわけです。

ケン　あなた、メディアから降ろされて、よかったね、皮肉だけれども。

上杉　日本の社会では、降ろされることは失敗じゃないですか。僕は番組を一六本降ろされましたけれども。でも、それは確かに日本社会では失敗だと思われるけれども、自分で降ろされてもいいように、先にノーボーダーをつくっておいたわけです。今、そこで自由なジャーナリズムができているから結果として成功といえるのではないかと思っています。

ケン　テレビを誰も見なくなって、ネットを見るようになったからね。

上杉　失敗と成功は表裏一体、でも失敗をしないということが求められる社会というのは、古今東西、必ず「独裁」になるんですよ。独裁のあとには戦争になる。だから、いまの日本には「戦争の予感」が漂っています。今の日本の失敗しない雰囲気というのは恐いですよね。

本当は、失敗をしてもいい職業っていっぱいあるんですよ。たとえばコメディアン、それからスポーツ選手はそうですよね、アスリートも、芸術家も失敗だらけじゃないですか。それからジャーナリストも。当たり前ですよね、完璧な報道なんてないんだから。ところがこの人たちが今、失敗を恐れちゃってますよ。これは、本当に恐いですよ。

ケン　恐ろしいね。

上杉　恐い。本来ならば、楽しんで失敗している職業の人たちが、成功を語り出しているわけですよ。コメディアンの司会者が情報番組で、不倫問題を論して「これはけしからんですね、許しませんね」というようなメディアというのは、もうこれは危険信号の点滅どころか、完全にアウトなんです。早くこの空気を元に戻さないとたいへんなことになります。一〇年前にそれはなかったですからね。

自己主張ができる社会に

ケン　講演するときに、最後にみんなからの質問を取る時間を必ず入れるんですね。何年か前のことですけれども、学校に行って話をするときに、不思議な現象があって、終わったあとに、「なにか皆さん、質問とか聞きたいこととかないですか」と言ったら、いっさい誰も手を挙げないんですよ。ちょっと気持ち悪くて、どうしようかと思って困りましたよ。なにやっても、絶対誰も手を挙げないんですよ。これ異常だと思いましたよ。

上杉　記者もそうですよ。記者会見で。日本人の記者だけです、手をなかなか挙げないのは。

ケン　それで、講演のとき、一番最初に学長か校長を講壇に連れてくるんです。校長先生もいやな顔しているんだけれども、「皆さん、今日は特別の日なんですよ」と。

校長先生が今日は、終わったあとに質問の時間を入れるんですけれども、「どんな質問しても、なに言っても怒られないって約束してくれたんですよ。どんどん質問してください」と言うんですよ。校長先生が横で、すごくいやな顔して。僕は、「校長先生そうですね」って言ったら「はい、そうです」と。

そうすると、一気に質問の嵐で、質問の時間が終わらない。次から次へと続くんです。誰かが、あなたが自分の意見を言っても怒られないという保障があったら、こうなるんです。終わったあと、校長室に行くと、「さすがに今日驚きましたね」、「校長、なんですか」、「うちの子どもたちって、こんなすごいこと思ってたんだ」、「先生、それは前からあったんですよ。恐くて言えなかったんだよ」という会話をしました。

今の若者って、結構ちゃんと考えているんですよ、分かっているんですよ。たとえば、この前、中学生がね、「今まで日本はものづくりやってきました。ところがもう、ものをつくれなくなった日本なんですけれども、これから先、日本はなにをして経済を成り立たせるのか」と言うんです。なんで中学生がそんな難しいこと考えてと思うんですけれども、こういう質問が出てくるわけです。要は、最初から、どんな質問をしても怒られないという環境をつくっていかないと、言えなくなってきているという恐ろしさがあるね。

上杉　学校でも、「多様性」が認められていないという事例のひとつですよね。そういう教育環境で育った人たちが、大人になり、就職し、メディアの一員になったりなんて、ほんとに恐ろしいことですよ。もともと子どもたちが持っている「多様性」を大切にしたいものです。

第6章

多様性の鍵をにぎるメディア

メディアが世代をつなぐ

ケン　最近、ひとつだけなんとなくいい動きとして感じたのは、ヨーロッパで起こったブレグジットです。イギリスがEUから出ていくなんて誰も思わなかったんですよ。そのブレグジットが起こる前日まで、負けるはずだったんですから。ところが、なにが起こったかというと、EU離脱となった。

イギリスがEUに加盟してから、とにかくだんだん厳しくなってくるばかり。なにもよくならない。EUってどんどん厳しくなって、この制限、このルール、とにかくおしっこするときにも許可とらなきゃみたいな、ホントに恐ろしい組織になってきたんですね。お上というのはなんていうのかな、病気みたいに、ガン細胞みたいに勝手に増えてくるんですよ。そうしたら、ネットのおかげで声を上げることができたんですよ。多分ネットの功績が一番大きいと思うんですよ、初めて普通の市民たちが「ちょっと待ってくれ」と。「いい加減にしろ」と言って。お上、ＥＵのお上のことですけれども、ＥＵが国民をずっと舐めてきたんですよ。

ところが今回は、本当はイギリスは多分ＥＵから出ないほうがよかったかもしれない、多分ね、わからないけれども。でも、国民がそれこそ、独立したんですよ。立ち上がったんですよね。僕は思うんですけれども、戦争を覚えている人間と若者がつながったと思います。戦争を覚えている人間と、戦争をまったく知らない人間とがね。ヨーロッパもそうですよ、ますます戦後が戦前みたいになってきた、と。ドイツも強くなってきて。それで、ブレグジットはなにが大きいかというと、国民が立ち上がって止めたんですよ。それが今のトランプとサンダースの雰囲気とまったく同じなんですよ。六八年に学生運動が世界中駆け巡ったじゃないですか。このあとに、今度は市民たちは、礼儀正しく任せたんですよ、ＥＵっていいアイデアだな、みんなでやろう、となったわけです。

ところが、結局は上にいるやつが悪いことをするんですよ。自分たちのことばかりをしている。そのことに対するフラストレーションが徐々にたまってきて、それを倒したんですね。アメリカの大統領選と起こっていることはまったく同じなんですよ。だからサンダースは左、トランプは右、でも思想はまったく一緒で、普通の人たちが固定メディアと固定体制に対して、あんたたちに任してやったじゃないですか、信じてあげたじゃないですか、でも結局は自分たちのためにやっているじゃないですかということですよ。そして私たちがだんだん制限されるばかりになってしまったので、これを倒したんですね。

もうひとつは、アメリカは、国内の戦争の被害はなかったんですけれども、戦争で多くの人々が亡くなりました。だから、うちのお母さんの場合は、四人戦争に行って帰ってきた。その戦争を語らなかったこと、ひとつ大きな悔いになってしまっているわけですよ。その戦争を恐いとか恐くないとかではなくて、人間というのはいずれこういうふうにサイクルで回ってくるということに対する語り方が今までなかったと思うんですよ。だから、ブレグジットのきっかけとしては、上の世代と若者が初めて語ってくれて、気をつけようと言ったのが、僕はまわり回ってきたと思うんですよ。

国民が、いい加減にしろと、俺たちは主人公じゃないですかって。私たちは真面目に礼儀正しく、あなたたちの言う通りにやってきたんだよ、でもやってきた結果は一体なんなんだよ、と。そこに対して、初めてネットのおかげで、人が立ち上がって、それこそタックスペイヤーで、俺たちが主人公じゃないかということなんですよ。俺たちは教育はないかもしれないし、頭もさほどよくないかもしれないし、とんでもないバカかもしれないけれども、でも一人の人間としてなにが正しいか正しくないかって、俺たちだって分かってんだから、もういい加減にしろ、というのが、僕は今の流れだと思いますよ。日本だけじゃなくて、世代交代のいい現象なんですよ。

多様性を認めるメディアの変遷

ケン　ネットのおかげで上杉さんのやっている番組が視聴できるようになって、すごいと思う。時代は変わったのだと実感しますよ。僕ら子どものときはＦＥＮでしたね、英語のラジオね。ＦＥＮしかなかったんですよ。

上杉　今は名前が変わりましたよ。アメリカン・フォーシズ・ネットワーク、ＡＦＮです。

ケン　唯一ラジオで聞けたんだよね。そして何年か経って大学行ったら、今でも覚えてます、ＣＮＮが生まれたとき。そのときは既存のメディアからバカにされたんですよ。「チキン・ヌードル・ネットワーク」と言ったんですね。チキン・ヌードル・スープというのがあったんですよ。当時は、そんなバカな二四時間ニュースを見るやつがいるかって、とんでもなくバカにされたんですよ。当時のＣＮＮは、市民の声というところから始まったんですよ。

上杉　本当ですか。日本では八七年に「朝まで生テレビ」が始まったんですよ。これがＣＮＮと同じ現象を、日本で引き起こしたんですよ。まさかでしたけどね。

ケン　僕が「朝まで生テレビ」に一番最初に入ったときは、スタジオに聴衆がいないんですよ。だから、うちの学生たちをみんな呼んでゲストをやったんですね。そのときに、最初はバカにしていたんですよ。「なに、一晩中?」なんて言われて。ところがなにに気がついていくかというと、一晩中しゃべる枠があるから、みんなが来るようになったんですよ。普通なら、テレビに出て二分か三分ぐらいしかしゃべれないからね。そうしたら、あそこだったら一晩中しゃべれるからと言ってみんなが来るようになりました。しゃべって、しゃべって、しゃべりまくる、そのおかげで、ある程度変わってきたんです。

その次の現象が、九六年にＦＯＸニュースというのが生まれたんです。ＦＯＸニュースはロジャー・エイルズという、彼はニクソンの昔からメディアの人なんだけれども、彼がなにを思いついたかというと、ＣＮＮも体制に入ってしまったので、もう一回、普通の一般の市民の視点からメディアに戻そうとして、ＦＯＸを始めたんです。ＦＯＸは一気に、ＣＮＮの二倍を超えたんですよ。なんでかというと、見ていると、そうだそうだというものばかりなんです。普通の人が、たとえば今だったら憲法に関してだけでも、テレビ見ても新聞見ても、一〇〇パーセント変えなきゃダメだとなっていて、おかしいんですよ。本人たちは、いやそんなことないよと思っているのに、メディアが違うことを言っているんですよね。

ＦＯＸはなにをしたかというと、国民つまり普通の市民が思っているような報道の仕方をしたんです。ところが、ＦＯＸも徐々に変わってきてしまって。だから、独立なんですよ。初めて、普通の人が思っていること、左から右も全部、しゃべれるようになってきたというのが、まさに独立宣言だと思いますよ。だからなぜみんなが来るかというと、昔の「朝まで生テレビ」と同じ理由です。ここに行くと自分の思ったことをしゃべりまくれる、チェックがないということが重要なんです。

多様性を認めるメディアの出現

上杉　オプエドもそういう意味では、自分の言いたいことをなんでもしゃべってもらえる番組なんですよ。小沢一郎さんも「また来たい」と言ってくれてます。古賀茂明さんなどのレギュラー陣も「また呼んでください」と言って帰るんです。ほとんどギャラはないんですよ。なのに「来るぞ」と言ってくれる。それは、自分の語りたいことを存分に語れるからだと思います。

視聴者数は先月ぐらいから爆発的に上がってきて。同時視聴が、先日の番組で一三〇〇。同時視聴ですよ。一三〇〇というのは同時につながっている数値だから、たとえばＮＨＫのやったサッカーのネット放送で同時視聴数一五〇〇でパンクしているんですよ。視聴率でいうと、概算すると大体一三パーセントぐらいです。ゴールデンタイムでやったら、もっといくと思いますけれど。ユーチューブ以外にもアーカイブをあとで上げると一日で一万ずつ増えていくんです。

ケン　すごいね。

上杉　先週番組は、四万ぐらいになっています。置いておくだけで、どんどん増えるんですよ。今、一万を軽く超えるというのは、ユーチューブでもなかなかないですけれども。報道番組ではもちろんぶっちぎりなんですよ。やはり他のニュースメディアで言わないことを言うと、こうなるんです。あえて言っているわけではなくて、「単純に思ったことを言いましょう」ということでやっているだけなんです。こうなると、右も左も関係ないですよ。原発反対も賛成も、憲法反対も賛成も、全部関係なく、やっていくわけです。ここに「多様性」ができあがって、多元化するんです。

ケン　市場の原理がそこにあるよね。だから、変わったことを論じる人が出てきても別にいいんじゃないですか。

上杉　たとえば、「電通の批判もＯＫです」と。その代わり、「電通の人も来て反論してください」と。「森総理の批判もＯＫです」と、この森喜朗さんに会いましたけれども、「どうぞ出演してください」と言ったんですよ。

ケン　視聴者の層は分析できるんですか。

上杉　おおよそできています。かつては年齢層が高かったのが、今は二極化していて、高い層、多分ネットの中では一番高い層と、かなり若い層とになっています。最近の傾向は若い世代が多く見てくれていますね。

ケン　多分、既存メディアが、あんなバカなネットを誰が見ているかと、つぶしていると思うんですよ。でもね、ＣＮＮがやったことと同じ。「朝まで生テレビ」と同じ、ＦＯＸと同じ、誰がこのネットでテレビなんか見るかと言うんだけれども、でも違うよ。ネットでも携帯でもテレビはどこでも見れるんだから。

上杉　一ヶ月たりとも減ってないですよ、ずっと増え続けています。だから一回の放送で、「ユーチューブ」、「ショールーム」、「ニコニコ」の合計で大体一番組三〇万人ぐらい平均で見てます。三〇万見ているということは、いくつかの雑誌の発行部数ぐらいじゃないでしょうか。でも実際、八〇万のときもあって、有名なゲストのときなどは、軽く五、六〇万までいってしまいますね。こうなると、もう完全にメディアとして大きな力になっていると思います。

ケン　次の課題はこれを英語にして全世界にわかるようにすることかな。要は、なにが起こっているかというと、ブレグジットでしょ、サンダースとトランプでしょ、世界中の一般市民が、「いい加減にしろ」と言っていると僕は思いますよ。これ、初めてネットのおかげで、たとえば英語になってれば、こっちの話題はそっちに通じて、そっちの話題はこっちに通じていきますよ。世界の普通のおっちゃん、いつもバカにされている人、教育を受けてないからダメだとか、エリートの人たちから言われてるんですよ。「ちょっと待て」って、「誰が働いて、誰のおかげであなたたち飯食ってんのよ」と。それで初めて「声なき人」の声を出すということが生まれたんです。

上杉　本当にそうですね、うちの視聴者数を見ていると、年配層が高いと思います。高齢者を含めて。細かく分けていくと、老年と、少年少女とか、あとは青年ですね。

ケン　あいだがないいんだ。いいね。

上杉　そうです。これこそ世代間挟撃作戦。老と若の二つの世代が団結されると強いんですよ。異なる世代がここでくっついているんですよ。トランプもバーニー・サンダースもそうでしたよね。

ケン　いいねえ。

上杉　バーニー・サンダースの最大の支援者は、ニューヨークやボストンなどの意識の高い若者です。一方でトランプ支持者は、田舎のふつうの高齢者。この世代の合体は革命ですよ。これはこれまでのメディア環境にあるとくっつかなかったのが、ネットによって結びつけられるんです。ネットというのは不思議なもので、そういうように世代を超えられるわけですよね。うちの媒体もそうですけれども、それが日本でも事実上起こりはじめているというのを感じます。少し、変革の兆し、いい意味でプラスの兆しですね。こうしたことで、世代が結びついてくれることを望んでいます。

ネットが世代をつなぐ

上杉　ノーボーダーの視聴者を見ていても、飛び込えた世代間の革命的な流れを感じます。驚いたのは、河合塾で講師に呼ばれたんですけれども、もう五年以上テレビもほとんど出てないから高校生にあまり顔を知られてないと思っていたのに、河合塾始まって以来の人数で、廊下やエレベーターホールにまで学生があふれて、通路にまで座ってもらう始末。

ケン　ネット番組で見てたり、ＳＮＳで知ってるんだね。

上杉　だから、知っているんですかね。僕のことを。それを知っててみんな集ってくれたんです。なにが起こったか分からないぐらいですよ。

それと、もうひとつおもしろいのは、僕は年配層には、選挙もあるから意外と昔から支持があるんですけれども、選挙期間中、巣鴨に行ったときもすごかったんですよ。これはなにかというと、巣鴨にとげぬき地蔵というのがあるんですよ。そこにはいつもおじいちゃん、おばあちゃんたちがいっぱいいるんです。そこに行くと、ラジオなんです。ラジオで、いつも切り口あざやかにいろんな好き勝手なことを言っているということで、「なんでラジオ最近出ないんだよ、もっとがんばれよ」と言われるんです。

ケン　おもしろい。これがこの上の世代の入り口だよ。

上杉　いろんな人がご飯くれたり、まんじゅうくれたり、巣鴨のおじいちゃん、おばあちゃんたちですよ。「あら、がんばって。最近ラジオ出てない、がんばんなさい、あんた」と。そのラジオ世代と、先ほどの若いネット世代。その二つの世代から支持をもらえたと思っているんです。これがなにかというと、結局それは二一人出た都知事選の中の、三位を除いたトップになれたことなんです。票の出方も一八万票。この票は政治の世界でわかっている人たちからは驚かれています。で、これからなにが起こるかというと、多分四年後ぐらいですけれども、マスメディアに象徴される権威主義のメッキがはがれてくる。つまり、僕もトランプやオバマみたいな可能性もあるわけです。オバマも八年前、泡沫だったんですよ。バラク・フセイン・オバマというあの名前で、黒人で泡沫といわれながらも、民主党大会に出た二〇〇四年のケリー候補の応援の際に大演説して、二〇〇八年の大統領選に出るけれども、当初、当選するなんて誰も思ってなかったですよね。ところが、一般の市民が当時、フェイスブックとツイッターでサポートしたんですよ。

ケン　ちょうど始まった頃だ。

上杉　そう、ＳＮＳが始まったとき。オバマがやり出したら、それを見ている若者たちがフェイスブック、ツイッターを見て、オバマに支持しはじめたんです。僕も二〇〇八年、オバマをフォローしてツイッターとフェイスブックを始めたんです。日本でもかなり早いほうですけれども、オバマのツイッターフォロワーはわずか一一万人ですよ。今僕で三〇万人いるんですけれども。それより少なかったです、あのオバマが。今はもう世界でトップクラスで八千万人です。

　大切なのは、オバマがそれによって結果として大統領候補までいった、そして当選したという事実です。これは泡沫ですら、小さな声をひろい上げるシステムと、そういうような層があったならば、当選する可能性があるということです。今回のトランプもそうですよね。一六人も共和党の候補者が出て、トランプは最下位の泡沫だったわけです。もし日本のようなメディア環境ならば、トランプは泡沫としてしか扱ってないわけです。そうするとトランプもオバマも大統領になっていませんね。

ケン あなた都知事選には勝ってたよ。普通だったらね。

上杉 僕、正直言って、自分で言うのもへんですけれども、少なくとも二位にはなれたと思います。小池さんには勝てなかったかもしれないけれども、いい勝負できたと思うんですよ。メディアがちゃんとフェアにやれば。

ケン だってツイッターの数字だって。

上杉 トップですよ。三三万人ですから。小池さんが十数万、鳥越さんが数万。僕が三三万で。でも、マスメディアの報道はどうなったかというと、小池百合子さんが、ネットでも強い、候補者の中で最高の数字だと書くわけです。これはフェアじゃないですよね。

ケン　こっちが三倍上なのに。

上杉　マイクロメディアの世界では、僕が全部トップなんですよ。ダントツで。ところがマスメディアはアンフェアにそれを無視したんです。海外のメディアがまだいいのは、それはさすがに無視できないんで嘘はつかない。日本は平気でそうやって嘘つくわけです。今回は間に合わなかったけれども、多分四年後ぐらいは、それがバレていると思うんですよ。

だから、そういう意味では、もうすでに、トランプ現象というのは日本でも始まっているんですね。バーニー・サンダースも同じです。バーニーもトランプも、かつては泡沫だったわけですから。トランプは有名ですけれども、バーニー・サンダースなんて誰も知らなかったじゃないですか。八年前のバラク・オバマも同じところが事実上、民主党の指名候補も取れそうなぐらい勢いがあったのは、権威であるマスメディアの報道に対しての圧倒的な不信感と、それに対してカウンターとして出てきたSNSと、それぞれ自分で情報を取りにいったものの力関係の逆転が始まっているということなんです。

ケン　今日の新聞に出てましたけれども、おもしろいことに、メディアのヤラセ、あまりにも圧倒的なバイアスに対して、逆反応になったんだって。朝から晩まで見ても、どんなときに見ても、ある特定の意見しか言わなくなってくるときに、普通の市民たちが、それに対して逆反応を起こしたんだって。本来は、プロパガンダやれば、プロパガンダによって人の意見を変えるはずなんだけれども。あまりプロパガンダをやりすぎると、逆になっちゃって。だから、トランプが勝ったもうひとつの理由として、国民がもううんざりだったの。いつ出てもヒラリーがすばらしい、トランプがバカとする構図しかなかったから。

途中から、「ふざけてんじゃない、俺たちバカにしてんじゃないよ、そんなのおかしいよ」と。プロパガンダやると同時に、逆のほうに行ったという既存メディアの傲慢さが逆転したね。だから、先週、僕ＮＨＫにいたんですけれども、友だちが恐ろしいことを言ったんですよ。「ケン、私たちはもう番組つくれないんだ」と。この人、有名なプロデューサーなんですけれども、僕は、海外の自衛隊の派遣に対して、派遣してほしくないという趣旨の番組をつくろうとしたんだけれども、どんなに言っても通らないんだって。これからはどういう番組をつくらなきゃダメかというと、オーバーな応援番組つくったんだって。タイトルを海外で活躍している美しい自衛隊とかにして。それで、デスク通ると、全部オッケーしちゃうんですよ。ところがつくり方は、昔の共産圏の中で、共産党の中でがんばったジャーナリストのつくり方と同じ。普通の人が見ると、途中から笑い出すの。実は逆なこと言ってるんだなという意味。だから私たちも、一歩手前まであぶなかったというのは、そこまで既存メディアが落ちてしまって、つくりたい番組をつくることができなくなって、喜ばれるようなタイトルを入れなければダメになったという恐ろしさですね。

日本型ブレグジットの始まり

ケン　この前一緒にイベント行ったんですね。トランプの一番小さいイベントだったんです。ペンシルベニアで四、五〇〇〇人いたのかな。ずっと並んでるんですね。一番印象的だったのは、周りが普通の人だよね。もう涙が出るほど普通のおじさん、おばさん、子ども連れ。トランプのツイッターで、日本語に訳せば、私は、もう涙が出ますよ。「声なき人に声与えたい」、それだけ。今まで誰も聞いてくれなかった、あの数千人の人たちは、みんなあきらめていた人たちだったんですよ。誰も聞いてくれない、誰も自分たちの立場のことを言ってくれない。この帽子を、誇り持って、かぶって語ってくれる人がうれしかったんだね。二つに分かれて、ダサい帽子を普段、かぶってんだから。片方はスーツを着てエリートなんだけれども、片方はこのダサいものに誇りを持って、毎回イベントでかぶってくれることが。子どもたちもいましたね。

上杉　いましたね。日本では選挙のときは子どもを入れてはいけないんだけれども、アメリカでは関係ないから。

ケン　だから、僕、憲法バッジのことをなぜ思い出したかというと、いろんなところへ講演に行くと、ギャップを感じるんですよ。少なくとも憲法だけに絞れば、普通の人は今の日本が大好き、平和が大好き、憲法も大好き、どこも変えたくない。ところが、新聞読んでもテレビ読んでも、誰一人その意見を語ってくれないんです。

これが今回のトランプと、ちょうどダブったんです。同じように、今回数字が出たんですけれども、メディアが九一パーセント、トランプに反対だったんです。一割もいなかったんです。トランプを応援しているメディアがね。普通の人は逆なんですよ。だからちょうど、憲法バッジのことをやっていて、どこへ行っても、講演会のあとに話聞くと、みんなが混乱しているんですよ。自分たちは平和が好き、戦争したくない、今の日本は誇り、でも自分の意見をテレビ見て新聞読んでも、どこ見ても誰もバックアップしてくれないんですよ。だから途中から、「そうか、自分たちが間違っているのかな」とすら思ってくるわけです。

今回ちょっと鳥肌立ったのは、憲法七〇周年記念だというのに、この憲法バッジを、紹介しようとする人はいませんでした。一人もいなかった。みんな言ってはくれたの。でも、解説委員も報道デスクも口をそろえて「私もそう思いますけれども、それは残念ながら言えません」と。僕、「七〇周年記念のときに言えないんですか」と。ある記者に自分のスーツの胸につけようとしたんだけれども、それもダメだった。報道ステーションのプロデューサーの人が友だちなんですけれども、彼にも頼んだ。別に紹介しなくてもいいけれども、ひとつだけ誰かつけてもらおうかと思っても、それもダメだった。

この話で、僕、初めて恐ろしくなったのね。メディアが、ただ体制にくっついてたんじゃなくて、完全に市民を裏切っているんですよ。有名なジャーナリストに僕、憲法バッジの話したんだけれども、「なんでケンさんのバッジ、いちいち紹介しなきゃダメなんだ」と。そういうことじゃないでしょ。僕らのバッジじゃなくていいんだよ。でも七〇周年記念のときに、話題にも出てこないということは、恐ろしいことだと思いますよ。

憲法バッジをもらった人から、今日、電話がきました。「バッジがつきました。私あと五個追加にもらって、お友達に配りたいと思います」。なにが起こったかというと、まさか、トランプの帽子と同じ雰囲気なんです。自分たちにはなにもできないんだけれども、やっと意思表示ができるものができたのね。ブレグジットから始まって、日本にどういうふうに風が吹いてくるのかが楽しみです。

だから、僕らを含む同じテーマは、体制に対する注意喚起だよ。お前らはもう終わりだよ。国民が立ち上がりますよ。もうこれ以上、自分たちの思っていることと、自分たちの気持ちを踏みにじることはもうできないというふうになってきたんで、これから先は、ブレグジットのように前の日まで一〇パーセントで負けるはずだったのが、国民が立ち上がりますよ、と。だから日本で、別に反体制とかそういうことじゃなくて、普通の市民が、ちょっと待ってください、と、私たちの国なんだよ、私たちの未来なんだよ、と。

特に僕がすごく楽しみにしてるのは、六〇年、七〇年安保の世代と今の若者とのドッキングだと思うんです。あの当時燃えた人たちが今、六〇、七〇、八〇なんですね。今になって一段落して年金もらっていて、昔のこと思い出したんですね。昔燃えたんだな。あいだの世代はある意味どうしようもないかもしれないけれども、六〇、七〇安保の世代と今の若者のドッキングが、僕は日本型ブレグジットの始まりじゃないかと思って期待しています。

第7章

「予感」を「杞憂」に終わらせるために

鍵をにぎるのはメディア

上杉　結論で言うと、とにかくメディアというのは、言論空間において、きわめて重要なんです。結局、今の時代、メディアなんですよ。政治とか行政とか企業とか、目に見えやすいけれども、メディア論というのは「サブの話だから、これはあとでいいよ」となってしまいがちです。でも、これは間違っているんです。実はもういまやこの時代は、メディアというものが社会の中核になっているので、メディアが右に行くか左に行くかによって社会全体が変わってしまうほど重要なんです。

ケン　体制にくっついてしまうからね。

上杉　マスであるという恐さもあるけれども、メディアが社会の雰囲気もつくるし、社会の雰囲気を変えてもいくんです。同時にメディアは戦争を起こす可能性もあるし、また止めることもできるんですよ。だから今後はメディアアナリストとして、この一八年間、特に後半の一〇年間、メディアの問題を日本でほとんど唯一、メディアにいながらメディア批判も含めてやってきたという経験を活かしてメディアを監視していきたいですね、やはりメディアへの危機感があるからですよね。政治だったらなんとか変えられるし、行政も変えられるし、企業も変えられるんだけれども、メディアだけはどうにも止まんないんですよ。やはり自主規制じゃなくて、自助努力で健全化しなければいけないと思います。自浄作用というやつですね。

電通の問題もそうだし、ここ最近初めてメディアの問題点が出てきたわけですよ。ブラック企業といろいろ批判するけれども、メディアほどブラック企業ばかりの業界はないわけですし。様々な問題をはらんでるのに、ここは議論の対象にならなかったという時点で、日本の社会の屈折感というか、鬱屈したものがあったわけです。そのメディアをなんとか変えるのが、戦争を止めるということにつながると思います。というのも、戦前も大本営発表というようなことを含めて、メディアが最初に死んだんですよ。メディアが最初に死ぬ、つまり、独裁のスタートは言論から死んでいくんです。尾崎行雄がいい例です。言論がどんどん体制側になってしまうと、要するにそれは右も左も関係なく、結果として戦争になってしまうんです。やはり小さい声だろうがなんだろうが、反対の意見とか、多様な意見を片端からひろい上げるというように、一人ひとりやっていかないとダメなんだと思います。

ケン　オプエドがなにをやっているかというと、メディアを体制から切り取って、国民に渡したみたいなもんですよ。ちょっと待って、君たちのものだから、ちょっとこれ借りとくから、と。お前らのもんだからきちっと握って、と。そこから先はどうにもなんないよね。市民たちが提供したメディアを使って、へんなことしてもそれはしようがないんです、上杉さんたちの発想が正しいという前提で動いているから僕は強いと思うんだよね。すごくやっていると思うよ。体制からメディアを取って、市民に投げている。

上杉　うちぐらいの大きさのメディアがちょうどいいんです。

ケン　オプエドがたくさんできればいいの、ちっちゃなやつが。

上杉　いろんなタイプのメディアができると思います。東京だけじゃなくて地方にもね。そして、いろんな人を入れなくちゃいけないんですよ。オプエドでも、キャスター制度を採用してます。わざと僕が出ない日をいっぱいつくっています。そうすると、たとえば五人のキャスターに任せられれば、少なくとも五元化しているということになるわけです。

反対意見の人に出会う

ケン　最初、反対の人を入れているから、怒ったんだよ。だって、「憲法改正に賛成する人も出るんですか」と。そうしたら、「出ますよ」って。「なんでですか、あんたどっち側なんですか」と怒ったの。ところが、言われて気がついたんだけれども、「いいのよ、みんないて」と。「あんた、憲法改正賛成なんですか」と言ったら、そうじゃないんだけれども、いろんな意見出してもいいじゃないかということですよ。僕にはすごく勉強になりましたよ。僕は憲法改正賛成だったらもう口きかないみたいなところがあったからね。ところが言われてみれば、幅広いからね。

上杉　なにが強いかというと、反対側の意見を出した人は、反対側の意見を持っている人をファンに持っているわけですよ。その人は来ますよね。そうすると、本来永遠に出会わない人々と出会うことによって、また、衝突することによって、人が集まってくるんです。オプエドの名称自体がそういうことをするわけです。

ケン　自分が間違っているかもしれないしね。

上杉　合っているかもしれないし、間違っているかもしれない。でもそこは判断をみんなに任せようということです。議論が深まるからそれでいいんです。しゃべってなかったところに議論が生じて、さらに深まってくる。やはり論争しているのを見るほうがおもしろいんです。見ていると、問題点が浮き上がってくるんですよ。同じ意見の人が言っているだけだと、みんな一方的に流れちゃうんですよ。意見がぶつかると「あっ、そこが問題なのか」となるんです。だから僕がときどきわざとやるのは、原発反対派の人がたくさん出るときに、「僕は原発賛成です」とわざと言ってみるわけですよ。僕が反対だということはみんな知っているんだけれども。

ケン　みんなから怒られたら、ちょうどいいじゃない。

上杉　そういうようにやってみると、大論争になるわけです。そうするとなにがおもしろいかというと、問題点が見えてくるんです。こういうようなことをやるのが、まさに民主主義国家の自由さなんです。それはやはり、戦争を起こさないということにつながっていくと思います。

トランプ大統領と戦争

上杉　トランプと戦争ということで言うと、トランプが大統領になって、どんどん戦争に向かっていくのではないかという人も多いわけですよね。特に日本のメディアですね。本当に、トランプは戦争を始めるでしょうか。

ケン　下手すると戦争してほしいところとも、してくれないなんてことに。

上杉　ヒラリーのほうが戦争はしやすいですよ。実際に国務長官としてやってきてこれまで戦争をしてきているわけですから。彼女はひじょうに好戦的でしたよね。でもそれを考えた場合、ヒラリーとトランプしかないわけですから。どっちがといわれたら僕はずっと言ってきてますけれども、トランプのほうが安定した外交政策をとると思いますよ。なぜなら彼は自分でやらないからです。要するに、それをチームに投げるから。

もうひとつは、アメリカ大統領のシステムとして、独裁がなかなか許されないシステムになっているんです。独裁がすぐできるように見えるけれども、ロシアとかとは根本的なシステムが違うので。むしろ日本のほうが独裁になりやすい。全体の共同体として、権力の全体の形として、また言論空間の不健全性からも一気に独裁になるというのは日本ですよ。旧ソ連や東欧じゃないけれども、昔の共産党国家のような感じで、特権階級が牛耳って、独裁が入ってくるのが日本なんです。アメリカは歯止めがいくつかあって、独裁はできないようなルールがしっかりできているから、僕はそこは心配してないんです。

ケン　パジャマからアルファメイルなんて言うんですよ。これまでパジャマ着ているんです。学者的な子どもたちで、理想のような子どもっぽい外交をしてきた、やさしくね。アルファメイルというのは、男のこと、男らしいことを言います。だから子どもから男に国が変わっちゃったんで、これから先はちゃんと強くなってくると、細かいことしなくていい、脅しだけで。だからトランプの考え方は、強ければいちいち細かいことしなくていいということですね。でもアメリカは恐れなくなったから、パジャマを誰も恐くないんです。だから今度大臣になるのは、まったく関係ないビジネス界の人たちですから、ビジネス的に物事みていきますよ。

上杉　新大統領の人事が出てきて、僕自身が気づいたのは、ケネディ政権の失敗があるわけですよ。当時は「ザ・ベスト・アンド・ザ・ブライテスト」といって要するに頭のいい学者チームとか専門家チームが政権に入っていったわけですよ。結果、合成の誤謬により、ベトナム戦争になってしまったんですよ。トランプのようなビジネスマンは戦争起こったら自分たちのビジネスにとってマイナスだから、絶対に戦争しないようにするわけですよ。戦争をやって、最初に被害をこうむるのは一般の人もそうだけれども、ビジネスマンでもあるんです。世界企業ほど戦争が始まる前に全部引き上げなくちゃいけない。そうすると、ビジネスマンが後ろについていると、その人たちのほうは単純にビジネスのことを考えると、どこでも戦争は起こさないほうがいいに決まっているんですよ。軍需産業は別ですけどね。軍人とか専門家は頭の中でやっているけれど軍人も本当は戦争をしたくないんですよ。ましてて、現場の人間は起こしてほしくない。そういう意味ではビジネス界のトップが入ってくるというのは、いわゆる戦争は起こりにくいんだということがいえると思います。ヒラリーの場合は、違いますからね。

ケン　トランプの外交パターンは、本当にビジネスっぽい。あと、賢いね。人をよむのが。さすがに話を聞いてもあんまりおもしろくないし、特に講演もうまくないし、単なるおっちゃんだけれども。

上杉　ビジネスマンなんですよね。

ケン　今まで学者に任せてたんですよ。現場を知らない学者に。現場を知らない学者に任せたんだけれども、オバマで戦争があちこち起こったし、今までなかった勢力が生まれてきてシリアもめちゃくちゃになってしまいました。あっちこっち、やさしくやってもダメだったんだから、これからはビシッとビジネス的にということになりますよ。多分、ビジネス的に国をリストアップして。

上杉　合理主義ですよね。合理的だからこそ、もっとも非合理的である戦争はやる必要はないということになる。

ケン　お金がかかってしまうから。脅しで効くんだったら脅しのほうが安いんだっていう。

上杉　いずれにせよ、今までの政治的なしがらみとか、そういうことを払拭できる人ですから、関係なしにやっていける、今までできなかったことが、いろんな意味で、大きく変化していく可能性がありますね。

信仰も力に

ケン　ヨーロッパのブレクジットも、先のアメリカ大統領選も、その背景には、欧米ですからもちろんキリスト教が中心ですけど、道徳のモラルに戻ろうという人が立ち上がりましたね。だから世の中が乱れてきて、それをいよいよ戻そうとしはじめたのは、ある意味でテーマ的につながってきますね。

永六輔さんと本を書いているときの話です。彼はお寺で生まれて育ったんですよ。ある日、お寺で生まれ育った永さんと、教会で生まれ育ったケンが、クリスマスのラジオ番組をやったんですよ。皮肉ですよね。僕が「永さん、仏教って素晴らしいじゃないですか。困ったときお寺に助けを求めたら、なにか助けてくれる。駆け込み寺ってあるじゃないですか」と言ったら、永さんが「困ってお寺行ったら、一一〇番されるよ」だって。今だったらの話ですけれども。「僕は寺の中で生まれて育っているんだからわかるけど、寺もダメだよ」と。

こんな会話を思い出しながら、やはりひとつのブレグジットやアメリカ大統領選の背景にある、誰も言っていないことを、明確に感じました。それは、社会がおかしくなったときに、果たして正しいイメージがなんであるかというところの選択に戻るんですね。その選択をするには、ある程度の信仰が必要なんです。それは、どこかに絞っていくとしたら、聖書で言えば「十戒」とか「山上の垂訓」とか、なにかの社会的なベースのそのまたベースに戻っていくんだろうけれども。

そのときも永さんが言ったのは、「仏教は中身がないんだよ。どの寺行っても、その寺のお坊さんによってころころ変わっちゃうんだから。よくも悪くも、きちっとしたものがない」と言うんだよね。神社は神社として、アーメンの人たちはそれとして、ちゃんとした思想を持っているのにもかかわらず、だまって小さくなっているばかりなんですよ。だから、ブレグジットでも感じたけれども、大統領選のさなかにトランプ陣営の本部に行って、何に一番気がついたかと言うと、中心で動いてる人たちにひとつの共通点があったということですよ。彼らは、きちっとした信仰を持っていました。自分の心の中の道徳が、きちっとなっていました。

上杉 トランプがどんどん上ってきたときの一週間少し前でしたか、トランプが涙を流して懺悔したという情報が入りましたよね。その瞬間に、トランプが変わったのではなくて、みんなが変わったんですよね。「この人ひどいことばかり言ってるな」と思っていたのが、教会のメンバーも入ってるわけですけれど、いきなりみんなの雰囲気が変わったと言っていたじゃないですか。みんな「この人いやだな」と思ったんだけれど、やはり神より上にいく人っていないわけじゃないですか。

ケン 気をつけなければいけないのは、みんながキリスト教にならなければダメとか、人を増やそうという、そういう布教に対しては誰だって反対するんですよ。でも、最後の最後には社会の仕組みというものがあるんですよ。家族だとか、嘘ついちゃダメだとか、だましちゃダメだとか、困ってる人を助けるとか、基本的な最後の最後の土台があるんですよ。その土台がなんであるかということが分からなくなってくると恐いんです。

今回なにが起こったかというと、ヨーロッパもアメリカも、信仰を持ってる人たちが、「いい加減にしろ」と、立ち上がったんです。「あなたたち、いい加減にしろ。私たちはやさしく静かに見守っていたんだ。あんたたちに任せていたんだけど、何が起こったかというと、犯罪も増えた、不法行為も多くなった、経済はおかしくなった」と。

永さんがいつも言っていました。「ケン、いつかちゃんとアーメンの人たちが、きちっと立ち上がって、社会に対して言わなきゃダメだ」と。いつも小さくなって声を上げていなかったのが、今回は動いたと思うんですね。

歴史上、ヨーロッパもアメリカも、約六〇年に一回、リバイバルという現象があるんです。たとえば、アメリカ独立戦争から二十数年、誰も知らないんですけど、独立がピークで、ガタンと社会が落ち込んだんですね。戦争が終わって二十数年後、あぶなくて女性は外を歩けなかったんですよ。約一割がアル中だったんです。結婚していないのに産まれてくる子どもが半数以上だったんです。それで、全米の毎年一回の教会の集まりがあったんです。みんな集まったとき、一年間で洗礼を受ける人が一人もなかったんです。初めて危機を感じて、みんなが祈って、「なんとかしてください」と。第一リバイバルが起こって、約一〇〇万人が、トランプみたいに悔い改めたんですよ。

そうしたら、何が起こったかというと、経済効果だったんですよ。一気に経済が上り調子になったんです。なぜかというと、ちゃんと真面目になって、今まで税金のことで嘘をついてた人が初めて税金払うようになったの。あまり真面目に働いていなかった人が、今回は悔い改めて、初めて九時五時、仕事するようになったの。前はいつもさぼってばっかりいたのに。こういうように、人間の心によって社会が本来に戻ることが、単なるいいことをするだけじゃなくて、経済をよくする効果がすごいんですよ。

今回、トランプが約一ヶ月前にスタッフ全部呼んで謝ったんだって。「ごめんなさい、僕は女性に対する言い方がひどかった」と。自分も悪いと思ってなかったんだ、と。ところが、あんたたちみたいな真面目な人たちの中に毎日過ごして、自分が辛くなったんだ、と。まわりが彼を自らそうさせたんですよ。だから、もっとも真面目な人たちがもう一回挑戦しようとしているということを感じましたね。まわりの人たちがみんな真面目なんですよ。工場で働いて疲れてきって家に帰る人たち、この人たちが主人公となってもう一回、社会が戻ってくることを祈って、迷子になっていたものが戻ってくるんじゃないか、ということなんですよ。

上杉　やはり、どこかでそういう力がはたらくんですね。

ケン　新約聖書の「ヨハネによる福音書」八章三二節に、「あなたたちは真理を知り、真理はあなたたちを自由にする」という聖書のことばがあるんですよ。ブレグジットにも、大統領選にも、このみことばが働いたというように思うんだよ。「戦争の予感」が漂うこの日本にも、きっと、このみことばが働くと信じています。

戦争ということについて

ケン　憲法バッジをもらった人たちの反応が二つあるんですね。ひとつは、戦争の世代が、もう寝れない、とにかくなんかしなきゃ、このままじゃ戦争になるんだよ、と。自分が若いときとまったく同じ雰囲気だ、と。なんとかしたいんだけれども、どうすればよいか分からない、デモに参加するわけでもないし、新聞に投書をするわけでもないし。

もうひとつは、憲法バッジをもらって、初めて子どもに戦争の話をした、と。戦争が終わってやっと平和になったので、自分の子どもたちに戦争のいやな話をしたくなかったんです。せっかく。ところが今になって反省しているというの。言わなかったおかげで、知らなくて同じことを起こらせる中に入っていったというんですよ。だからこの憲法バッジがきっかけで、子どもが、息子が久し振りに実家に帰ってきて、「親父、なに？　その白いバッジは」と。それで、初めて戦争の話をしたっていうんですよ。

それが、もしかしたらこの、さっき上杉さんが言ったような、六〇、七〇安保よりは、もしかしてその戦争世代が、最後のチャンスとして必死に次の世代に対して、メディアも、上杉さんが僕より詳しいと思うんですけれども、僕今でも思い出しますよ。ＮＨＫだとか朝日新聞だとか、特に、戦争中嘘を書かされた人たちの会があったんです。要するに、二度と国民に嘘を書かないということをみんなで誓ったんだって。戦争が終わってすぐにね。辛かったんですよね、自分たちがおかした罪のことを思うと。だって戦争を起こしたのを知っていてそれを言わない報道だったんですよ、はっきり言って。

だから、戦争が終わって生き残った世代は、必死にそのことを、その反省を踏まえてやらないとだめだと努力したわけです。次の代まではそれが伝わったんですけれども、今はその三代目なんですよ。だから直接的に戦争を経験した記者とは直接的な関係がないんですよ。多分、一〇年ぐらい前までは、この二世代がいたんですよ。

先輩たちにしつこく言われたんですよ。「ひとつだけ聞いて。僕たちは戦争中、嘘だと知りながら毎日、毎日書いて、国民をだましたんだよ。私たちはジャーナリストとしては絶対やってはいけないことをやってしまった。だから君たちは…」とね。ところが、その伝えた世代がいなくなって、次の世代に伝えなかったんですよ。だから、今の世代は恐ろしさを理解していないと思うんですね。だから、なぜ憲法バッジのことをしつこく言うかというと、お年寄りにあと残されている時間は一年かもしれない、五年かもしれない、このうちに命がけで次の世代に対して、伝えていかなければならないということなんですよ。

昔の国会議員で、おもしろかったのは、あの当時は自民党でもどの党でも議論はたくさんあったんだけれども、たったひとつだけ、戦争についてだけはみんなピシッとひとつになったのね。これ、すごくおもしろいんですよ。あんなに右だとか言われた人たち、同じ世代のなかで、思想的にはまったく違っていても、戦争についてだけは、絶対起こしてはいけないんだと、一致していたんですよ。

上杉　右も左も関係ない。

ケン　日頃の意見はまったく違うんだけれども、戦争の話だけになると、全員がピタッと一致したというのが、今までは物事を止めることができていたんですよ。ところが、この直接的な世代がいなくなったおかげで、この歯止めがなくなったというのはもっとも危険なんですね。だから、今でも覚えてますよ。たとえば同じ部屋に集まったら、共産党から一番右と言われた人たちまで、細かい政策は全部けんかしますよ。ところが、戦争の話が上がってくると、それだけは全員ピタッと呼吸が合ったんですよ。ところが、これが残念ながら、次の世代に対して、きっちりと伝えなかったおかげで、今のようになってしまった。だから、日本の場合は、ちょっと独自なところがあるので、ドイツがそれを法律にしたというのがすごいですよね。要するに、戦争の反省を次の世代が忘れるから、今のうちに法律にしておかなければならなかったんです。

でも、なにを思い出すかというと、僕たちが湾岸戦争のときに難民キャンプに入っていったら、皆さんが並んで、「日本って素晴らしい国ですね、日本って法律があって戦争したくてもできないんだから」と言うんです。「それって本当ですか」と初めて言われて実感したんです。ドイツはメディアがおかしくならないように法律ができているかもしれないけれども、日本の場合は、少なくとも憲法の中にそれが入っているのだから、その世代の、それこそ必死に行なった歯止め策なんですね。とにかくなにやってもいいんだよ。左でも右でも。でもとにかく戦争だけは頼むから二度と起こすなという、この声だけは私たちは守っていくんだという、思想を超えた、党を超えた原点だと思うんです。それを、声なき人たちの声が、叫んでくれていると思うんですね。

僕も、ずっと年寄りから言われたけれども、「何千万という人が死んだんだよ、歩いてみろよ」と。いくつもの島に「日本の若者がいまだに埋まったままなんだよ」と。私たちがここで忘れてしまったんですよ。あの二〇代の日本の若者が、もう帰ってこなかったんです。パラオから、サイパンから、グァムから、ガダルカナルから、あっちこっちの島に。これ皆さん気がつかないですけれども、帰って来なかったんですよ。埋まったままなんですよね。彼らが、私たちを見ていると思うんですよ。この最後の憲法バッジの世代が、必死に命が残っている限り、「頼むよ、またやるな」と。これが私たちの党、思想を超えた、絶対に守っていかなければならないことじゃないかなというふうに思いますね。

上杉　なのに、「戦争の予感」が漂っているこの日本。絶対に戦争だけは避けなければなりませんよね。

戦争はすべてが敗者

上杉　この「戦争の予感」を「予感」だけに終わらせるために、われわれはどうしたらいいのか。「予感」は「杞憂」で終わらせないといけないわけですよね。前の戦争のいわゆる「戦前」、つまりわずか八〇年ぐらい前に私たち日本人は経験して学んでいるはずなんだから、そのときになにが起こっていたかということを検証して、考えればいいですよ。戦争になったというよりも、戦争になる前の社会の空気感というのを調べると、これは僕が以前からずっと言っていることですけれど、「多様性」というものが欠けてくるんです。とにかくこれですよ。これに尽きます。

要するに、言論の一元化、「これ言っちゃいけない」、「あれ言っちゃいけない」、「やらないほうがいい」、とみんな同じ方向に進む、みんなと同じ方向に行けば安心だ、というようなメディアの記者クラブのような雰囲気ができあがってしまうんです。それがいったんできあがると、やはりメディアは症状の進行がすごく早いんで、ひじょうにあぶないです。メディアの空気がそうなったと思ったら、そのあとすぐに社会に広がって拡散してしまう。今、現にすでにそうなっているんですよ。

だから、ここの部分を、「予感」というか、戦前ですと、「今は戦前ですよ」ということは、へんな話になりますけれども、本当にもう戦前まで来てしまったということを自覚しないことには、どうにもなりません。わたしたちは入り口に来てしまったんでね。ここから戻ることができるかどうかは、もうギリギリのところなんです。

では、戻るためにはどうしたらよいかというと、これは単純なんです。「多様性」のある言論空間を生み出せば、もう一度平和な日本に戻っていけるんです。要するに、少数派に対してそれを排除するのではなくて、少数派も社会の中に取り込むような仕組みを構築することです。もっとも、それを排除しているのはメディアなので、メディアは早急に体質改善の必要があります。

そういう意味では、僕はメディアに対して、「最後のチャンスだぞ」と、「もう一回お前たちが戦争を起こすのか」と言い続けます。メディアが愚かなエリート意識を捨てるまで、言い続けます。

これはどういうことかというと、小さなことなんですよ。タレントのベッキーさんが今度、北海道のＵＨＢで復活するんですよ。それがニュースになっているんです。ニュースになること自体でもうおかしい。少数派の意見を排除しだしたときには、危険です。わたしは聞きたい。「ベッキーは犯罪を犯しましたか」と。犯罪もなにも起こしてない。「放送禁止用語をつかいましたか」と。ひとつも言ってない。「誰かに迷惑をかけましたか」と。迷惑なんか誰にもかけてないですよ。みんなが避けているからというような空気だけで排除しているんです。イジメですね、陰湿な。

今の日本の言論を見ていて、「多様性」のある言論空間をつくることがいかに大切か。たとえば、憲法バッジというものを普通に扱えてはじめて、戦争を食い止めることができるということです。本当にギリギリのところだと思うんです。別に脅すわけではないです。僕は「戦争の予感」のするこの時代、今戦前になってしまったような気がするので、もう一度「予感」の手前ぐらいまで戻しておかないとたいへんなことになると思っているんです。戻すも戻さないもメディア次第なんです。最初に雰囲気をつくってしまうのがメディアなんです。メディアがそれを自覚していないとあぶないんです。

二〇一一年の震災で直るかなと思ったらますます悪い方向に行ってしまいました。記者クラブなんて存在は日本だけですからね。「独裁」がそこから見えてきたら、そこからはあっという間です。もう止まらなくなってしまうので。年配の戦争経験者の七〇歳を超えた人たち、意識ある人が今「恐い、恐い」と言っているんです。うちの母もそうですけれども。「気持ち悪い」と。

ケン　お母さんも言っている？

上杉　八〇歳なんですけれども。怖じ気づいています。「恐い」、「気持ち悪い」と。

ケン　自分の若いときとまったく同じだというわけね。

上杉　はい。もうそっくりだって。戦争を知っている世代が、今が一番あのときに近いというんです。もちろん僕はその時代に生きていないけれど、それはわかるんです。僕は、戦争地帯にも取材で結構行っているので、その国が戦争になってしまうところもあるわけですよ。メディアが萎縮して一元化すると、最後やはりそこに行き着くのかなと思います。

ケン　僕はいつも講演会で言いますけれども、「いつから誇れるはずの平和が恥ずかしいものになったんだろうか」と。恥であるはずの武力がかっこよく、男らしくなった。無茶苦茶ですよ。平和というのは、誇りなんですよ。だから平和ボケとか、平和が弱いものに、いつのまになってしまったのか。やはり男じゃないとけんかできないような、平和が女々しくて、戦争できないと男らしくないという、ばかばかしい価値観がまかりとおってしまっています。

一番恐いのは、戦争を知らない世代から見れば、平和というのは弱く見えるということですね。でも戦争を見た人からいえば、平和こそが戦争に対してもっとも強いものなんです。

上杉　戦争は、たとえば勝ち負けというように言われると思うんですけれども、世界中の戦争地帯に取材に行ってもう十数年になりましたけれども、戦争には勝者も敗者もないんです。これが結論です。戦争には、敗者しか出ないんですよ。勝ったほうも実は敗者なんですよね。大量に国民を殺して、勝っても負けても、国土の荒廃どころじゃないんですよ。両方が敗者なんだから、こんな意味のないことまったくバカげています。世の中に絶対というものはないけれど、ひとつだけ絶対はあって、戦争だけは絶対にしてはいけないですよ。

メディアの言いなりになるな

ケン　世界中で、ちょうど戦後七〇年で、体制ってものごとを抱き込むんですね。だからメディアも本来は戦っているはずなのが、日本だけじゃなくて世界中、体制にくっついて、ビジネスとくっついて、お上とくっついて、本来市民側に立ってなければいけないのに、そんなことになってしまっている。

戦争前にスリーS政策というのがあって、メディアが意図的に国民を戦争に気がつかせないために、当時の人間を分析すると、すべて人間は三つのうちのどれかにはめることができるんだって。セックスか、スポーツか、スクリーン、当時は映画か。割と当たっているんだよね。だから意図的にメディアがそれを暗黙のうちに推し進めたというんですよ。だから新聞読めばセックスとスポーツとスクリーンの話ばかりで、戦争とか政治のことに対して人々が興味持たないように言論を動かしたんですよ。

戦後、日本のジャーナリストたちはみんなこれを反省したんです。NHKの中でそれを反省する会ができて、ジャーナリストたちは国からいわれて、ジャーナリストとして国民をあざむくようなことはやりません」と言って誓ったんです。それが次の世代まで伝わったみたいだけれども、今は第三世代みたいですね。だから、スリーS政策に自分たちは協力したということは大きな罪で、それを二度とやりません、と。

それがあの人たちは八〇年代かな、引退して自分の下には伝わったんだけれども、第三世代がそれをどこかでなくしてしまったんですね。今まで市民たちがなにもできなかったんですけれども、たとえば「なんかしなきゃだめだ」ということに対して、自分の地元の議員をはじめとして、都だったら都とか、自分の地元の国会議員にちゃんと言うべきだと思うんです。ストレートに言いにいくと、結構みんな気にしますよ。

次の選挙もかかっているし。

だから、ひとつは、恐れないで、自分の地元の議員がいるから、電話したり手紙出したりして、「私たちはこれ絶対許しませんよ」とはっきり言うことだよね。

小さなことでも具体的に行動を

ケン　もうひとつは、憲法バッジもそのひとつなんですけれども、なにか具体的に活動を起こすことですね。最後は、僕たち男は無理だと思うんですよ。ギリシャでずっと続けて戦争をしていたときに、男たちは戦争が好きでしたが、女性たちは自分が生んだ子どもが育って死ぬことが悲しくてしかたがないんです。ある日、ギリシャの女性たちは、有名な話ですけれども、一緒になってなんとかしなきゃということで、男たちをみんな一気に呼んだ。戦争をやめなかったら、もうあなたたちとはねてあげません、と。そうすると、一気にギリシャの戦争がなくなったんですよ。だから最後は女性たちなのかな、と思います。

ところ変わって、日本の話ですけれども、戦争終わって売春防止法がどうしても通らないんですよ。市川房枝が、どんなに頼んでも、どんなに交渉しても。なぜかというと、議員たちが毎晩、吉原に行って遊んでるんですよ。自分たちの遊びをやめさせるような法案は通らない。それで市川さんが、女性たちをみんな呼んで、毎晩吉原に行ったんだって。翌日、議員会館の前にみんな並んで、朝先生が来るとき、「先生おはようございます。先生昨日ずいぶんお忙しかったですね。昨日は○子さんと△子さんとずいぶんお盛んでしたね」と。そうしたら、約一ヶ月後だかに、すぐに法案が通ったんですよ。普通の人がなにかまずいなと思ったときに、特に女性がなにかに対して行動を起こすということが一番です。

イギリスでは、ブレグジットがそうですね。ブレグジットのきっかけがやっと見つかったんですね。ブレグジットのきっかけは、ごく日常のことからです。イギリス人たちはみんな紅茶飲むんですね。それでいつも電気ポットを使うんですよ。早くあたたまるから。それがEUの新しい法案で規制が入って、使えなくなったんです。使っちゃダメだという法令が出たんです。それがさすがにきっかけになって、みんなが「いい加減にしなさい」と、立ち上がったというわけです。

だから憲法バッジを身につけたりとか、自分の地域の議員に直接電話したり手紙出したりということは、効果ある方法ですよ、今なら。世界の流れに歯止めをかけることすらできるんで、それを自由に起こせるということがこれから一番大事だと思う。要するに日常の小さなことからでも行動を起こすことが大事だと思いますよ。家永三郎先生がもっとも強く言っていたのは、気がついたら起こせなくなった時代になったということなんですから、すぐに行動を起こすことですよ。いまならまだ間に合うかから。

上杉 そう。一人ひとりが小さな声を上げることですよね。口コミでもいい。SNSでもいい。自分たちの未来、国のためだと思って、勇気を出して本音を語ることです。言論での衝突など大したことない。実際の武力衝突は命を落とすこともあるけど、せいぜい人間関係が変わる程度です。でも議論をして、離れていくような人間関係など大した関係じゃなかったんですよ、そもそも。大切なのはそうした声を上げ続けることが、言論の多様性を生み、それが見えない「独裁」の最大の防衛になるんです。「戦争の予感」を「杞憂」に終わらせるには、結局、読者のみなさんの一人ひとりの力しかないんです。

あとがき

ケン・ジョセフは不思議な米国人だ。驚くべき人脈を持っている。民主党のヒラリー・クリントン元国務長官も、バラク・オバマ大統領も知っているし、共和党のジョン・マケイン大統領候補やリチャード・アーミテージ元国務次官補とも、気軽に意見交換する間柄だ。

だが、米国政治にはあまり関心がない。米国政治に関するわたしとの問答も、いつもうわの空だ。

ケンが話すことは、もうひとつの故郷である日本のことばかり。その日も神谷町のロイヤルホストで一緒にランチをとっていたときのことだ。

「ぼくはね、日本が大好きなんですよ。この愛する国が壊れていくのが、何より哀しいんで……」

語尾は消えた。人目も気にせず、大粒の涙を落とす。

戦争の予感がする。八〇歳のわたしの母も「気持ち悪い。あの頃（戦前）と似ているんだよ」と口癖のように言う。

二〇一六年夏、わたしは東京都知事選に出馬した。暑い東京の街を演説して歩いていると、普段、あまり接触のない「戦争を知る世代」とも触れ合うことができる。

なにより驚いたのが、彼ら高齢者の多くが、戦争の予感を吐露し、現在の日本にいい知れぬ不気味さを感じていることだった。

新聞やテレビが「自主規制の鎖」に自ら繋がれて久しい。自由であるはずの日本の言論空間は、年々、窮屈になっていると感じるのは、テレビを降ろされまくっているわたしだけではあるまい。

長く日本のメディアで生きてきたケンもまた、言論の一元化を敏感に察し、その先に起こることを危惧している一人だ。

戦争の前には「独裁」が出現する。過度に一元化された言論空間は「独裁」を誘致する。いま、日本はその過程に入ったようだ。

本書は、戦争を知っている世代と、これからの日本を担う新しい世代の「橋渡し」になればと、かんよう出版の松山献社長に無理を言って刊行までこぎつけた。

約七〇年前、戦火を交えた日米両国の「ジャーナリスト」ふたりが、日本を愛するが故に、ときに熱く語り合った「遺言」が本書である。

戦争の予感は、必ずや杞憂で終わらせなければならない。本書がその一助になれば幸いである。

愛する日本に神のご加護を

上杉　隆

〈著者紹介〉

上杉　隆（うえすぎ・たかし）

メディアアナリスト。株式会社 NO BORDER 代表取締役。インターネット報道番組「ニューズ・オプエド」を運営。代表的な著書として、『石原慎太郎「5人の参謀」』（小学館文庫）、『官邸崩壊　安倍政権迷走の一年』（新潮社）、『ジャーナリズム崩壊』、『報道災害【原発編】事実を伝えないメディアの大罪』（いずれも幻冬舎新書）、『誰が「都政」を殺したか？　特別対談 小池百合子東京都知事』（SB クリエイティブ）など。

ケン・ジョセフ（Ken Joseph Jr.）

ジャーナリスト。日本の戦後復興のために来日した父の遺志を継いで、熱心なクリスチャンとして、海外にいる日本人や災害地への援助活動を続け、平和憲法を守るために憲法バッジを作成する。代表的な著書として、『日本に生まれてよかった!』（共著、徳間書店）、『失われたアイデンティティ』（光文社）など。

「憲法バッジ」についての問い合わせは、左記小社か、kempobadge@gmail.com へ。

戦争の予感

2017年2月14日　初版第1刷発行

著　者　上杉　隆　ケン・ジョセフ

発行者　松山　献

発行所　合同会社 かんよう出版

〒550-0002 大阪市西区江戸堀2-1-1　江戸堀センタービル9階
電話 06-6225-1117　FAX 06-6225-1118
http://kanyoushuppan.com　info@kanyoushuppan.com

撮　影　ナンシー・エンスリン

装　幀　堀木一男

印刷・製本　有限会社 オフィス泰

ISBN978-4-906902-81-1　C0095　Printed in Japan